PLANEJAR, LANÇAR E DESENVOLVER UMA STARTUP DE SUCESSO

AS MELHORES TÁTICAS DE VAREJO

ROWLAND GEE, DANNY SLOAN
E GRAHAM SYMES

PLANEJAR, LANÇAR E DESENVOLVER UMA STARTUP DE SUCESSO

AS MELHORES TÁTICAS DE VAREJO

TRADUÇÃO
UBK Publishing House

ubook UBK Publishing House

Publicado mediante acordo com Kogan Page Limited. Edição original do livro, *The retail start-up book: successfully plan, launch and grow a business*, publicada por Kogan Page Limited.

copidesque Lohaine Vimercate
revisão Verônica Bareicha e Jaciara Lima
projeto gráfico e diagramação Valéria Teixeira
capa Bruno Santos
imagem de capa beboy/Shutterstock

Dados Internacionais de Catalogação na Publicação (CIP)
(Câmara Brasileira do Livro, SP, Brasil)

Gee, Rowland
Planejar, lançar e desenvolver uma startup de sucesso: as melhores táticas de varejo / Rowland Gee, Danny Sloan, Graham Symes; tradução UBK Publishing House. – Rio de Janeiro: Ubook Editora, 2020

Título original: The retail start-up book
Bibliografia
ISBN 978-85-9556-214-1

1. Carreira profissional – Administração 2. Empreendedores 3. Empreendedorismo 4. Empresários 5. Empresas novas – Administração 6. Planejamento estratégico 7. Sucesso em negócios I. Sloan, Danny. II. Symes, Graham. III. Título.

20-33270 CDD-658.421

Ubook Editora S.A
Av. das Américas, 500, Bloco 12, Salas 303/304,
Barra da Tijuca, Rio de Janeiro/RJ.
Cep.: 22.640-100
Tel.: (21) 3570-8150

SUMÁRIO

INTRODUÇÃO

Como sabem, o varejo está passando por mudanças sísmicas. Mas, curiosamente, o "bolo varejista" não encolheu, o que significa que a quantidade de dinheiro que gastamos nas lojas e na internet não diminuiu. Na verdade, nos últimos cinco anos, o dinheiro gasto no Reino Unido (em lojas e online) cresceu treze por cento e esse número continua avançando. Em termos de dinheiro, hoje £68 bilhões são gastos online no Reino Unido, representando pouco menos de vinte por cento de todas as vendas de varejo, excluindo combustível. Nos eua, a porcentagem de gastos online está aumentando rapidamente e a previsão é de que alcance catorze por cento até 2021. Um crescimento semelhante é observado na Austrália, no Canadá e em toda a União Europeia. Na Alemanha, um oitavo do total de gastos com o varejo é agora online, o que equivale a €58 bilhões.

É como e onde gastamos que está mudando radicalmente. Há grandes vencedores e grandes perdedores. Os varejistas que não foram de encontro às mudanças na maneira como as pessoas compram e aos produtos e serviços demandados ficaram chocados com a rapidez com que suas fortunas diminuíram e, inversamente, aqueles que reconheceram essas mudanças comportamentais prosperaram.

Este livro irá ajudá-lo a compreender esses padrões de mudança e a navegar por um caminho bem-sucedido. Uma carreira no varejo pode ser muito gratificante, tanto emocional quanto financeiramente, porque você é capaz de medir – muito rapidamente – a satisfação que o produto que escolheu e a experiência que ofereceu causam no cliente.

Oferecemos-lhe um livro focado em soluções. Ao longo do tempo, vamos explicar maneiras simples para você planejar, crescer e sobreviver no espaço de varejo e qual a melhor forma de se tornar um vencedor. Encontramos muitos outros recursos que são impraticáveis, que oferecem soluções que, em muitos casos, são impossíveis de implementar. Eles também podem ser propensos a exageros e explicações excessivamente simplistas.

Ser um bom varejista não é o suficiente hoje em dia. Ser excepcional ou até mesmo sensacional deve ser o alvo que os varejistas de startups estabelecem para si próprios. Os fundadores mais bem-sucedidos de startups de varejo trabalham arduamente, são indivíduos focados e dedicados a entregar sua visão. Eles não idealizam o estilo de vida startup: eles têm que liderar, estar preparados para serem multitarefas e entender rapidamente que, se não o fizerem, ninguém mais o fará. É preciso um tipo especial de dedicação e tenacidade inabalável para fazer a coisa funcionar.

A Amazon, gigante do varejo, já foi uma startup. Em entrevista ao *The Times*, o fundador Jeff Bezos adverte que ter uma visão sem estar preparado para aceitar constantemente a mudança pode ser fatal para os varejistas. "A única coisa que sei sobre os clientes é que eles estão divinamente descontentes", disse ele. "As expectativas nunca são estáticas, sempre estão subindo. As pessoas querem sempre o melhor e o que era incrível ontem torna-se rapidamente o normal de hoje." Ele ressaltou também que "os clientes nunca permitirão que você descanse sobre os louros".

É a forma como você pensa em alcançar a sua visão; e é a adoção da abordagem de lentes de alcance que o distinguirá. Para ter sucesso, você deve conhecer o seu mercado, ser incansavelmente curioso, segmentar cuidadosamente o cliente que deseja atrair, comunicar o seu produto claramente, controlar e compreender o seu negócio e, claro, gerenciar o seu dinheiro. Manchetes assustadoras como "Fim das lojas de rua", "Não adianta competir com a Amazon" e

"Clientes que não gastam" são exemplos do que não deve afetar seus processos de pensamento.

Porque, apesar da turbulência que a indústria do varejo está atra-vessando, continua a existir uma abundância de oportunidades de crescimento numa gama diversificada de setores de varejo, tanto no Reino Unido como nos mercados internacionais. Mais do que nunca, os consumidores de varejo se concentram nas propostas individuais da empresa e esperam ter acesso a esses varejistas de muitas maneiras. Os varejistas em estágio inicial, que integram lojas online e físicas e que reconhecem as demandas dos consumidores de hoje, terão um poten-cial significativo de crescimento. Se você abrir uma loja física, é muito provável que seja numa cidade pequena ou média onde a autoridade local será ativa e interessada.

Hoje, iniciar um negócio é uma oportunidade, e há muitos exem-plos excepcionais de como pensar de forma moderna e inovadora para desafiar os pessimistas e deixar a sua marca. Este livro fornece exemplos e estudos de caso de como o bom se parece e revelará como as pessoas por trás das histórias alcançaram seus sucessos. Explicará claramente por que vale a pena prosseguir com o varejo sendo uma empresa iniciante – e, com a nossa ajuda, você terá a melhor chance de fazer de sua empresa única um sucesso.

Então, finalmente, obrigado por escolher este livro. Esperamos que goste de lê-lo e que ele o ajude a realizar seus sonhos e objetivos de negócios no mundo do varejo.

PARTE UM

Como lidar com o varejo

1

Questões atuais enfrentadas pelo comércio varejista do Reino Unido

Pontos-chave

Estatísticas financeiras

O fenômeno online

Estatísticas de startups e definições de dimensão das empresas

O IVA e a startup

Ponto de consumo

Espaço comercial

Despesas das famílias por habitante

Lojas de caridade

Há muitos fatores a considerar na indústria de varejo hoje e, neste capítulo, vamos introduzir alguns dos pontos centrais que você – como um varejista startup em estágio inicial – deve começar a entender profundamente. Olhando primeiro para as estatísticas e tendências das startups, também abordaremos algumas das maiores mudanças do setor, incluindo o aumento do varejo online e o que isso significa para os varejistas, as mudanças das expectativas em torno dos acordos de locação para aqueles que estão considerando abrir uma loja física, mudança de gastos dentro das casas e por que você deve estar ciente de que as lojas de caridade representam uma parte significativa do cenário do varejo. Nós nos concentramos nas vendas no varejo que excluem alimentos e combustíveis, assim como nossos gráficos, embora deva ser observado que alguns dos maiores varejistas de alimentos do Reino Unido agora estocam outros produtos além desses. As vendas de alimentos, no entanto, representam mais de 85 por cento do volume de negócios dos maiores varejistas de alimentos do Reino Unido.

Estatísticas financeiras

No Reino Unido, dez por cento da população ativa, o que equivale a 3,2 milhões de pessoas, trabalham no setor de varejo, seja online ou em lojas físicas. Cerca de dez por cento do produto interno bruto (pib) do Reino Unido é gasto no varejo. Das 5,7 milhões de empresas do setor privado do Reino Unido (não governamentais), dez por cento operam no setor de varejo. São 570 mil empresas, das quais 430 mil (ou 76 por cento) são comerciantes individuais, metade das quais estão registradas para iva.

Uma análise de doze meses das vendas no varejo mostra que, em 2017, a quantidade de dinheiro gasto no setor varejista (excluindo combustíveis) aumentou 4,7 por cento para aproximadamente £366 bilhões, quando comparada com as £350 bilhões do ano anterior. Também em 2017, as vendas online aumentaram a um ritmo rápido, 15,9 por cento em comparação com o crescimento de 2,3 por cento das vendas nas lojas em relação ao ano anterior. Apesar da presença online mais forte, os consumidores gastaram a maior parte do seu dinheiro em lojas. A maioria dos gastos online foi feita dentro do varejo não comercial.

Lucros do negócio de varejo do Reino Unido em 2017-18

Negócios de varejo no Reino Unido divididos entre grandes e pequenas empresas, 2017-2018.

Total de vendas em dinheiro: £366 bilhões
Grandes empresas: £292 bilhões
Pequenas empresas: £74 bilhões (participação de 26%)
Comida: £179bilhões | Crescimento em 5 anos | 5,7%

Figura 1.1 Análise de 12 meses (excluindo alimentos e combustíveis) das vendas a varejo no Reino Unido em bilhões de libras por setor, 2018

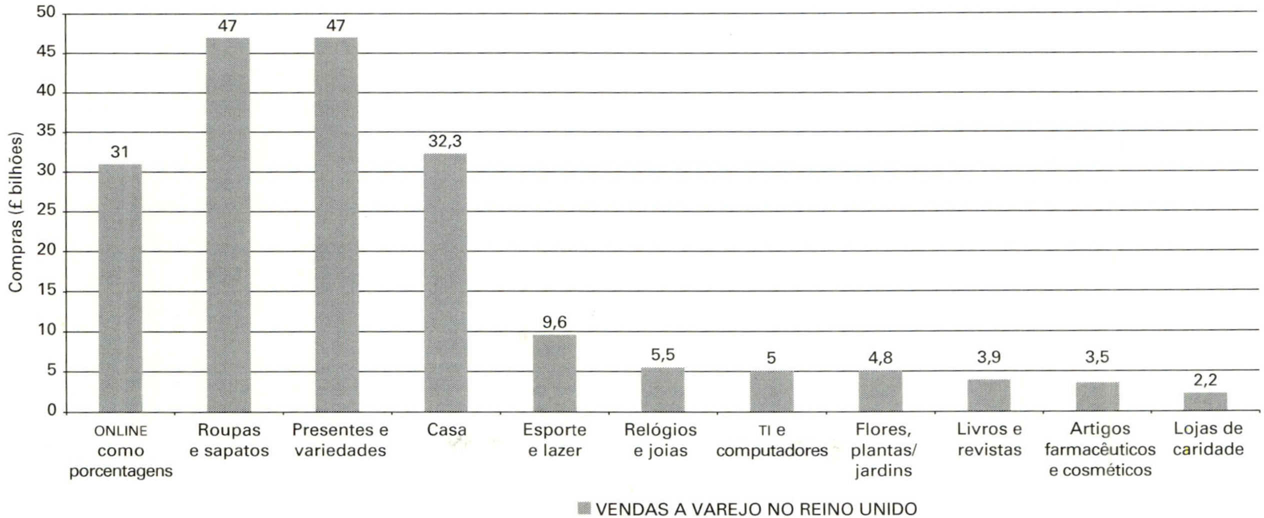

FONTE: https://www.ons.gov.uk/businessindustryandtrade/retailindustry/bulletins/retailsales/previousReleases

Figura 1.2 Análise de cinco anos (excluindo alimentos e combustíveis) das vendas a varejo no Reino Unido em bilhões de libras por crescimento percentual

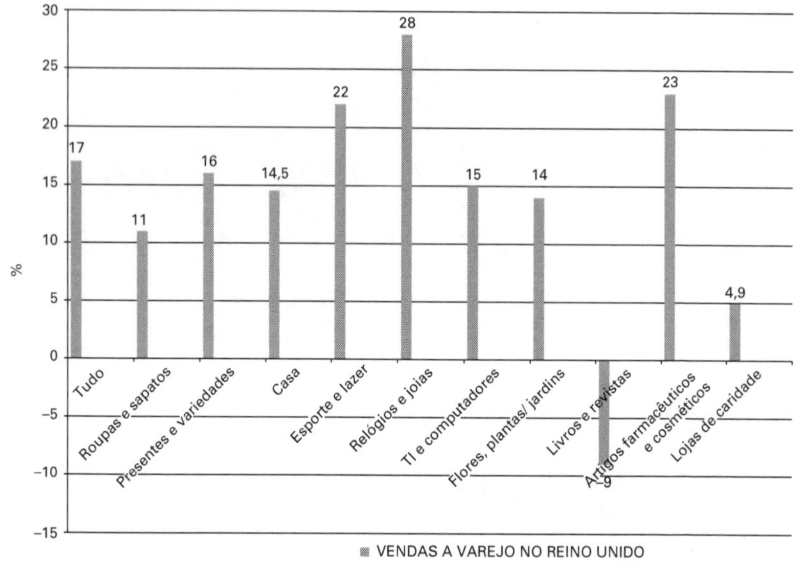

FONTE: https://www.ons.gov.uk/businessindustryandtrade/retailindustry/bulletins/retailsales/previousReleases

As vendas online em 2017 e 2018 continuaram a aumentar como proporção de todas as vendas de varejo, e agora respondem por quase vinte por cento de todas as vendas de varejo no Reino Unido em termos de volume (dinheiro). A cota das pequenas empresas nas vendas online elevou-se a 53 por cento do aumento das vendas, o que indica que, se a proposta satisfaz as expectativas dos consumidores, é irrelevante que o produto provenha de uma grande ou pequena empresa. O aumento ano a ano de 9,4 por cento (https://www.ons.gov.uk) no total do varejo online continua com o padrão de crescimento. O varejo não comercial ainda é, de longe, o maior contribuinte (80 por cento) da proporção de gastos online. As lojas com presença física continuam a aumentar seus gastos online (20 por cento), com forte crescimento ano a ano. As vendas online de lojas com presença física são o maior contribuinte para o crescimento global nos últimos doze meses.

O fenômeno online

"O varejo está sendo 'reajustado'", disse Virgil Abloh em sua nomeação em março de 2018 como diretor artístico de moda masculina na Louis Vuitton, uma empresa em expansão online, bem como nas lojas físicas.

São tempos emocionantes para as novas empresas de varejo, à medida que novas tecnologias se tornam mais acessíveis e empresas pioneiras como a Farfetch e a Alibaba abrem caminho. O comportamento online dos consumidores alterou radicalmente as expectativas dos varejistas de lojas físicas. Muitos desses varejistas estão lutando exatamente porque não se adaptaram ao enorme aumento das vendas online e deixaram de considerar como essa experiência mudou as expectativas dos compradores. Quando as pessoas fazem compras online, tomam decisões rápidas com base nos seguintes pontos:

- O produto é facilmente encontrado mediante pesquisa?
- O preço está claro?
- Complementos ou alternativas estão sendo apresentados?
- Um produto difícil de encontrar está disponível?
- O site transmite a mentalidade, o sentimento estético e a atitude do comprador?
- Quando o artigo será entregue?
- O processo de checkout é eficiente e sem problemas?

No momento, são esses pontos-chave que, se bem entregues, impulsionam as vendas online. As respostas para eles são claras para o comprador em um período muito curto, provavelmente em questão de minutos. Se o comprador estiver satisfeito, a experiência será positiva. No entanto, se algum desses pontos não for atendido satisfatoriamente, é altamente provável que o cliente saia do site e, em muitos casos, nunca mais volte. Numa era de compras online, a fidelização é rara e exige-se uma satisfação rápida.

Esses padrões de comportamento agora estão presentes nas mentes dos compradores de lojas físicas, e por isso também há a expectativa de que esse nível de serviço seja replicado na rua. O operador da loja não só tem que aceitar essa alteração, como tem que se adaptar para garantir que o seu nível de serviço corresponda ao dos melhores operadores online. A loja física deve, por conseguinte, dispor de um grupo de produtos complementares facilmente identificáveis e cuidadosamente selecionados; deve apresentá-los e comercializá-los num ambiente relacionado com as emoções desse consumidor e coerente com a proposta de venda a varejo. As características, benefícios e o preço de um produto devem estar imediatamente claros e, uma vez selecionado o produto, o processo de checkout deve ser rápido e corretamente gerido. No momento, há evidências significativas de que muitos varejistas de lojas físicas não estão conseguindo isso – e, de fato, o aumento rápido do gasto online comprova isso (Deloitte, 2017).

Essa é a oportunidade que a startup tem de aproveitar. Primeiro, pense como um operador online caso pretenda abrir uma loja. Segundo, assegure que a internet se torne parte de toda a sua proposta.

Considere a Selfridges, uma loja de departamentos britânica de alto padrão estabelecida no centro de Londres pelo americano Harry Gordon Selfridge, em 1909. Ela é um exemplo de uma empresa única e bem-sucedida que nunca parou em mais de um século. O excelente site distingue-a da multidão – é visual, funcional, fácil de navegar, e cumpre todos os requisitos de um bom design de site.

A página da Selfridges inclui:

- Página inicial impactante.
- Itens imperdíveis da semana em destaque.
- Gráficos e fotografias brilhantes.
- Série de podcasts na página inicial.
- O que está acontecendo na loja.
- Guias de navegação limpas e menus suspensos.
- Preços claros e fáceis de identificar.
- Tecnologia de visão rápida.
- Não há perda de tempo, uma vez que a posição dos estoques é clara e tudo o que está à vista está em estoque.
- Funções rápidas.

O design excepcional do site também pode ser visto nas seguintes marcas que comercializam no Reino Unido e em todo o mundo. Essas marcas e organizações são dignas de serem olhadas porque demonstram claramente o melhor do setor. Embora esses negócios se concentrem em produtos e serviços muito diferentes, todos eles comunicam claramente suas respectivas visões de marca e permanecem leais às aspirações e expectativas de seus clientes. Os fatores que ligam esse grupo excepcional são que todos eles mostram clareza na seleção dos produtos principais e itens complementares, demonstram excelência logística, mantêm o seu foco demográfico e adotam uma estética adequada.

Exemplos dos melhores sites atuais

- Westfield Shopping Centres: https://uk.westfield.com/london
- Tate Gallery London: http://shop.tate.org.uk
- Victoria and Albert Museum London: https://www.vam.ac.uk/shop/
- Cotswold Trading (loja de presentes): https://www.cotswoldtrading.com
- Paul A Young Chocolatier: http://www.paulayoung.co.uk
- Twenty Gallery (galeria de arte e loja de presentes): https://www.twenty-twenty.co.uk
- Japan House (centro cultural): https://www.japanhouselondon.uk/the-shop/
- Gandys (loja de roupas e acessórios): http://www.gandyslondon.com/
- Typo (loja de presentes): https://typo.com/UK/
- The Longest Stay (loja de móveis para casa): https://www.thelongeststay.com

---

ESTUDO DE CASO HEMA

A Hollandsche Eenheidsprijzen Maatschappij Amsterdam, ou HEMA, abriu a sua primeira loja de departamentos em Amsterdã no dia 4 de novembro de 1926. Os fundadores queriam uma loja de departamentos que fosse acessível a todos. Antes disso, as lojas de departamento eram voltadas a pessoas ricas, e a maior parte da equipe da loja falava apenas francês. Embora a HEMA se mantenha fiel à sua longa história, ela demonstra, de forma notável, como se transformou para satisfazer as exigências dos consumidores de hoje. Cada produto à venda, seja na loja ou online, é exibido de forma clara, e a empresa assume o compromisso de que cada um dos seus produtos seja proveniente e exclusivo da HEMA. Ela também oferece compras online em todos os países em que opera atualmente.

Para uma empresa fundada em 1926, a HEMA demonstra de forma brilhante a realidade da redefinição do varejo. Ela ressalta o que lhe aconselhamos ao longo deste livro: a importância de criar uma coleção de produtos de marca própria ou *private label*, expressando o ethos da marca de uma forma positiva, espirituosa e segura, e assim comunicando confiança nos produtos que vende aos seus clientes.

Estatísticas sobre as empresas startups e definições das dimensões das empresas

De acordo com dados publicados pelo laboratório de ideias do Centre for Entrepreneurs (cfe), o número de empresas startups do Reino Unido abertas em 2017, em todos os setores, foi de 589 mil. Considere isto no contexto:

- 589 mil empresas startups do Reino Unido abertas em 2017.
- Pouco menos de 60 mil eram empresas startups de varejo.

Também em 2017, as principais ruas do Reino Unido tiveram uma queda de um por cento nas unidades vagas. Essa é a evidência das medidas crescentes que os senhorios e os conselhos das cidades estão usando para reduzir as taxas de vagas, permitindo a mudança da utilização de unidades persistentemente desocupadas. Os conselhos também estão cada vez mais dispostos a investir nos centros das cidades, fato demonstrado pelas recentes aquisições municipais em Canterbury e Shrewsbury, por exemplo, de propriedades comerciais e de varejo originalmente pertencentes a empresas que encerraram suas atividades. Essas compras permitem que os conselhos se apropriem plenamente dos seus centros urbanos e que implementem seus planos de regeneração mais amplos.

As principais cidades do Reino Unido continuam dominando o dinamismo empresarial do país. Londres lidera com 205.325 negócios registrados no ano passado, seguida por Birmingham com 17.473, Manchester com 9.416, Glasgow com 7.845 e Leeds com 7.645. Edimburgo, Bristol, Liverpool e Brighton também estão entre as vinte primeiras.

No entanto, as seguintes pequenas, médias e grandes cidades, bem como as áreas de Londres, estão registrando um crescimento líquido nas startups independentes de varejo (por ordem alfabética):

Aberdeen
Barking Road, Londres
Barry West
Bethnal Green, Londres
Blackpool
Brixton, Londres
Bromborough Rake (perto de Liverpool)
Conwy, Escócia
Dawley
Edinburgh
Erdington
Finsbury Park, Londres
Folkestone
Goodmayes, Londres
Gravesend
Great Yarmouth
Liverpool
Ludlow
Malton
Market Harborough
Narborough Road, Leicester
Newcastle upon Tyne
Notting Hill, Londres
Old Bexley, Londres
Otley
Paisley
Portobello Road, Londres
Reddish
Saltley
Scarborough
Southport Sparkhill
St. Ives, Cornualha
Stoke Newington, Londres
Teignmouth
Tooting, Londres
Totnes
Upton Park, Londres
Walton Street, Londres
West End, Morecambe
Weymouth
Whitby
Witney

Figura 1.3 As aberturas líquidas de lojas no Reino Unido, por setor, entre 2012 e 2017. O gráfico também mostra fechamentos líquidos por setor em 2017

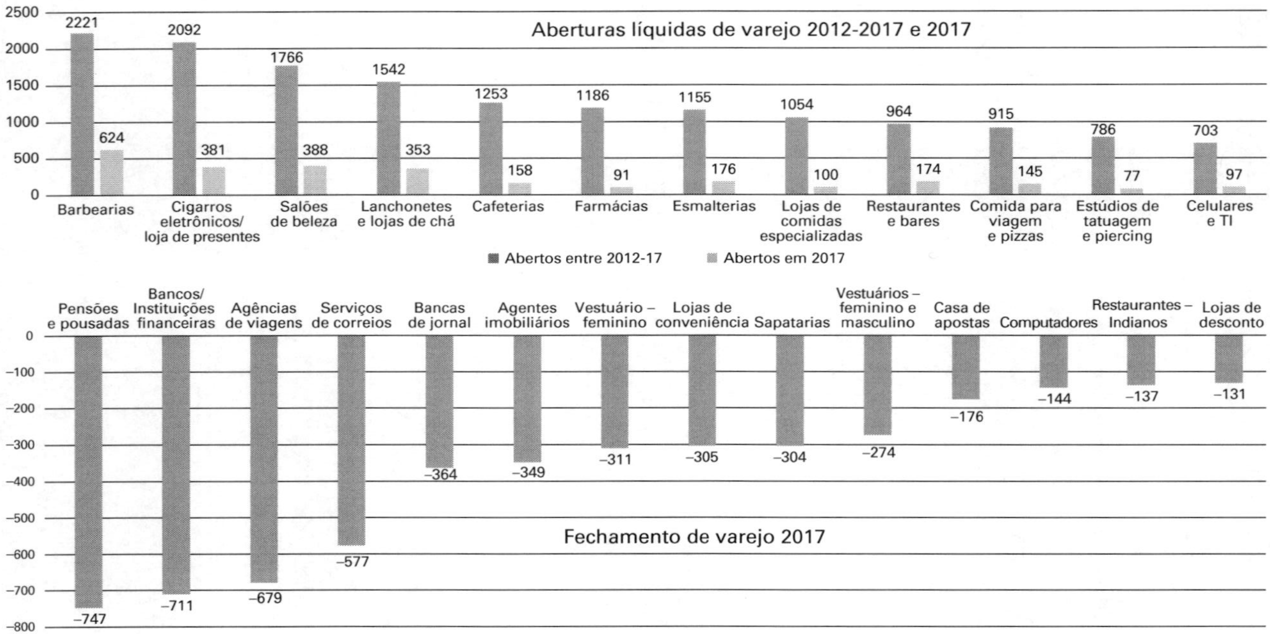

Fonte: The Local Data Company (2018).

> **Definições de tamanho da empresa**
>
> Também vale a pena entender como essas startups podem ser categorizadas, os tamanhos são definidos da seguinte forma:
>
> - Uma microempresa não emprega ninguém além do proprietário.
> - Uma empresa pequena possui de 1 a 49 funcionários.
> - Uma empresa de médio porte possui de 50 a 249 funcionários.
> - Uma empresa grande possui 250 ou mais funcionários.

Curiosamente, nos Estados Unidos, não são as maiores cidades que estão experimentando um crescimento no varejo startup. As cidades menores têm trabalhado arduamente para regenerar as suas comunidades, intervindo para oferecer ofertas e incentivos a novos varejistas. Trata-se de iniciativas muito semelhantes às do Reino Unido. Abordagens comparáveis também estão ocorrendo no Canadá e na Austrália, onde os dez maiores destinos de compras estão recebendo apoio político e financeiro para novos e pequenos varejistas.

Um bom exemplo disso é a próspera cultura do café na Austrália, que provou ser um desafio para a Starbucks. O país está imerso na cena dos cafés desde meados do século xix , quando imigrantes italianos e gregos se mudaram para o continente. Como o consumidor australiano se habituou ao café expresso e as cafeterias se recusaram a diluir a sua oferta, o consumidor manteve-se fiel e o governo apoiou a indústria local.

O IVA e as startups

Um fato pouco conhecido no Reino Unido é que, mesmo que as suas vendas estejam abaixo do limiar do IVA (£85 mil a partir de 2018) e você não seja obrigado a pagar o imposto sobre as suas vendas, pode, ainda assim, recuperar o IVA que paga sobre os produtos ou serviços que recebe.

Imposto sobre ponto de consumo (POC)
Do inglês, *Point of Consumption*

Nos Estados Unidos, alguns estados ganharam o direito de cobrar impostos (normalmente cerca de seis por cento) sobre as vendas de comércio eletrônico onde não existem lojas físicas. Até agora, os varejistas online têm estado isentos do imposto sobre as vendas nos EUA e das taxas comerciais no Reino Unido. Isso pode muito bem mudar, já que os governos de todo o mundo estão sendo desafiados a criar um sistema local de cobrança de impostos mais justo que não discrimine as operações físicas que pagam aluguel e taxas de negócio no Reino Unido.

A Amazon já começou a cobrar impostos sobre suas próprias vendas na internet em 45 estados dos EUA, antecipando uma mudança que, no devido tempo, afetará os varejistas online.

Dica

Se você planeja ser apenas um varejista online ou um vendedor terceirizado, por exemplo, na Amazon, considere em sua margem uma baixa porcentagem de um único dígito no preço de custo que pode cobrir um novo imposto POC para varejistas online. Um vendedor terceirizado que vende pela Amazon paga à empresa cerca de dezoito por cento das suas vendas ou receitas. Essa porcentagem inclui armazenamento e expedição. Como um vendedor terceirizado, é importante estar preparado para esse imposto adicional, mas não se precipite em se afastar da Amazon. Espera-se que ela anuncie em breve um serviço para atenuar isso e fidelizá-lo. Se você se afastar, tenha em mente que, dado o conhecimento de suas vendas, a Amazon pode estar em uma posição de "exterminar" essas vendas com outro produto.

Espaço comercial

Como já deixamos claro até agora neste livro, a indústria de varejo está passando por uma grande mudança. Para citar novamente Virgil Abloh, "Há um novo sistema acontecendo e é tempo de ser assertivo" (2018).

A Royal Institution of Chartered Surveyors (RICS) afirma que as expectativas de aluguel para as lojas físicas estão caindo drasticamente, os incentivos dos proprietários estão aumentando e há espaço disponível. Como consequência dessas mudanças, os donos estão tendo que reduzir o valor do capital das suas propriedades e estão oferecendo incentivos financeiros aos novos inquilinos para evitar taxas de lojas vazias. Assim, não só as rendas estão sendo reduzidas, como os senhorios estão abertos a licenças e locações de curta duração. Historicamente, uma locação (contemplada pela mais recente Lei do Locador e Locatário, de 1987) é um contrato de posse legal juridicamente seguro e vinculativo para ambas as partes e geralmente se estende por dez anos com uma revisão apenas para tempo maior que cinco anos. Esse arranjo está sendo desafiado agora, e os senhorios estão começando a perceber que os ocupantes não querem mais esse compromisso "acorrentado". A licença, por outro lado, confere ao ocupante um acordo com prazo mais curto com um grau de flexibilidade muito maior, embora tenha menos segurança, na medida em que o locatário pode rescindir a licença no final do prazo mutuamente acordado. Esse dispositivo permite que o ocupante teste a viabilidade da proposta e também ausenta o senhorio da obrigação legal de pagar as tarifas das lojas vazias.

Um artigo recente do Centre for Cities, relatado no *The Times* por Philip Aldrick, em 26 de junho de 2018, criticou muitas autoridades locais por não permitirem que lojas desocupadas fossem transformadas em casas. Algumas autoridades permitiram essa mudança de uso e isso ajudou algumas ruas principais a se tornarem lugares onde as comunidades pudessem "viver, trabalhar, fazer compras e brincar".

ESTUDO DE CASO APPEAR HERE

Em 2013, Ross Bailey lançou o Appear Here, um mercado online para espaços de varejo de curto prazo que combina proprietários com inquilinos. O Appear Here é disruptivo; é simplesmente uma grande inovação para startups e não há mais ninguém com um banco de dados que se aproxime. Como disse Natalie Massenet, fundadora do portal de moda de estilistas Net-a-Porter, ao *Financial Times*, de 29 de julho de 2018, "é bom para as marcas, porque não precisam se comprometer com locações longas e grandes ajustes iniciais".

Gostamos do Appear Here porque o seu alcance é impressionante – operam em Londres, Paris e Nova York, e representam todos os tipos de negócios de varejo. Oferecem também uma coleção de mobília modular apropriada para lojas pequenas e aluguéis a curto prazo semanais. No mesmo artigo do *Financial Times*, Ross Bailey é otimista sobre a rua, mas é claro que ela deve se adaptar. Como ele diz, "sua loja não precisa mais estar em um lugar... antes, se você não tinha uma loja, seu negócio tinha acabado porque as pessoas não podiam encontrá-lo... agora, com a internet, você sempre tem presença". Também concordamos com ele quando diz: "As marcas digitais, diretas ao consumidor, estão pagando tanto pela publicidade digital que descobrem que uma loja física é a melhor forma de se comunicar com os clientes. Uma pequena loja consegue criar uma conexão com milhões de pessoas que nunca passam pelo local". A esperança de Bailey é que a *pop-up* irá restaurar a vida e a diversão na rua principal novamente e irá torná-la um lugar de descoberta. Certifique-se de que, quando o descobrirem, nunca te esqueçam.

Dica

Se optar por abrir uma loja física, procure áreas onde os conselhos e as autoridades locais tenham adotado uma abordagem progressiva e acolhido as *pop-ups*.

Despesa das famílias por habitante

No Reino Unido, as maiores camadas da população estão representa-das nos grupos etários de 25 a 40 anos e de 50 a 65 anos. A idade média dos homens é de 40 anos, enquanto para as mulheres é de 42 anos. Nos próximos 20 anos, espera-se que a população do Reino Unido cresça nove por cento.

Em 2017, as famílias do Reino Unido mostraram que o preço atual dos gastos per capita cresceu £589 em comparação a 2016, um aumento de 3,1 por cento. Isso é encorajador para os varejistas startup. Em termos de preços atuais, os gastos dos consumidores varejistas no quarto trimestre (outubro a dezembro) de 2017 já atingiram £4.890 por pessoa, ajustados sazonalmente. Esse é um aumento de £36 (0,7 por cento) por pessoa quando comparado com o terceiro trimestre (julho a setembro) de 2017. Em termos de volume, verificou-se um aumento de 0,1 por cento por habitante, indicando que os consumidores gastaram mais porque compraram mais unidades (estatísticas de volume), para além do efeito do aumento dos preços. Isso é bom, pois demonstra que a inflação está sob controle no Reino Unido. O Office for National Statistics (ONS) fornece dados sobre volume (unidades) e valor (dinheiro) para cada segmento no mercado de varejo. A despesa total por cabeça chegou a £19.394 em 2017, com habitação e transportes fazendo as maiores contribuições de £5.153 e £2.528, respectivamente. A terceira maior contribuição para os gastos totais por habitante pode ser vista em miscelânea, em que os gastos em 2017 atingiram £2.499. Comparando a despesa por tipos de bens e serviços (em termos de preços correntes), as famílias continuam gastando mais em serviços. Em 2017, esses gastos – que incluem gastos em itens essenciais, como habitação e transporte – cresceram ao seu nível mais alto desde o início desses relatórios, e agora estão em £11.214, contribuindo com 58,3 por cento do total dos gastos domésticos.

Estatísticas demográficas

66,5 milhões (Reino Unido)
326 milhões (EUA)
82,3 milhões (Alemanha)
65,2 milhões (França)

No Reino Unido, a porcentagem de consumo per capita excede os Estados Unidos em 39 por cento, a Alemanha em 25 por cento e a França em 25 por cento.

Lojas de caridade

A 26th Annual Charity Shops Survey 2017-2018 coletou dados de 76 instituições de caridade que operam 6.722 lojas, com uma renda combinada de mais de £863 milhões (o que representa cinco por cento das vendas de varejo não alimentar do Reino Unido em 2017-2018). Os dados abrangem os anos financeiros mais recentes das instituições de caridade no momento da coleta de dados, que, em sua maioria, correspondiam aos doze meses anteriores a março de 2018.

O top dez

1. British Heart Foundation, faturamento: £176,4 milhões, lojas: 724
2. Oxfam GB, faturamento: £92,5 milhões, lojas: 640
3. Cancer Research UK, faturamento: £84,5 milhões, lojas: 594
4. Barnardo's, faturamento: £70,3 milhões, lojas: 710
5. Sue Ryder, faturamento: £55 milhões, lojas: 451
6. Exército da Salvação, faturamento: £48 milhões, lojas: 230
7. Age UK, faturamento: £42,6 milhões, lojas: 404
8. Cruz Vermelha Britânica, faturamento: £30 milhões, lojas: 341
9. Scope, faturamento: £21,3 milhões, lojas: 225
10. Marie Curie, faturamento: £16,4 milhões, lojas: 178

A pesquisa anual indicou que, pela primeira vez em catorze anos, não houve mais aberturas de lojas de caridade do que fechamentos. A razão está em parte relacionada às condições mais difíceis das ruas nos últimos anos e em parte porque os custos aumentaram 4,1 por cento, causados principalmente pelo aumento de 4,7 por cento nos custos com equipe (impulsionado pela introdução do National Living Wage em abril de 2016), juntamente com uma redução no número de voluntários. Consequentemente, os lucros das lojas de caridade caíram pelo segundo ano consecutivo.

Vale a pena estar atento a esses movimentos, pois as lojas de caridade representam uma concorrência significativa para muitas pequenas lojas, pois são autorizadas a comprar novas mercadorias e são capazes de trabalhar com margens muito mais baixas do que os varejistas tradicionais, uma vez que não pagam taxas comerciais.

PARTE DOIS

Criando seu plano de marketing de varejo

2

Análise e posicionamento do seu negócio de varejo no mercado existente

Pontos-chave

Entenda o mercado em que você atuará

Trabalhe seu "lugar" no mercado

Sempre reflita sobre como o seu produto ou serviço é único

Entenda o mercado

Os varejistas bem-sucedidos entendem em detalhes o mercado em que operam e os seus concorrentes. Eles conhecem que principais produtos e mercados provavelmente serão capazes de oferecer oportunidades adequadas aos seus negócios e monitoram como estes estão mudando. Nisso, o detalhe é primordial.

O premiado chef e dono de restaurantes Yotam Ottolenghi reitera a importância dos detalhes, afirmando: "Ajuste e ajuste até que os detalhes estejam certos. Trata-se de ter a energia dos maratonistas e dos velocistas". (O'Hara, 2015). Esse ponto central é importante, assim como a sabedoria de ouvir quando os detalhes não seguem de acordo com o plano e então alterá-los.

O seu lugar no mercado

O marketing de varejo é um aspecto importante nos negócios e deve ter o mesmo status que qualquer outra função empresarial. Pode ser mais bem descrito simplesmente como o ato de identificar quem são os seus clientes-alvo, entender o que eles querem e satisfazer as suas necessidades de uma forma que irá entregar o que você está tentando alcançar para o seu negócio: rentabilidade, sobrevivência ou crescimento.

A chave é desenvolver um senso da sua "declaração de missão" ou propósito de alto nível e mantê-lo simples e prático. Você precisa saber a qual função o seu negócio irá servir, bem como ter uma visão ampla do seu plano geral. Pergunte a si mesmo que coisas importantes está planejando fazer e que aspectos do estabelecimento do seu negócio terão um impacto sobre esse plano.

Principais passos

Pesquisa

Como primeiro passo, desenvolva e finalize seu resumo de pesquisa definindo o que você está tentando alcançar. Isso deve incluir seus objetivos, prazos e orçamentos; você também deve reservar tempo para avaliar os resultados. Existem várias áreas-chave para a construção do seu dossiê. Como já foi dito, é essencial compreender e conhecer realmente o seu próprio negócio e o mercado em que ele opera.

Se já está vendendo o seu produto, pergunte-se como está em comparação à concorrência. Pesquise preços – considere qual é a sua política de preços e como a sua posição se compara com a dos seus concorrentes. Os resultados da pesquisa o ajudarão a compilar uma lista de ações que você precisa tomar para alcançar e manter uma vantagem competitiva. Como startup, o custo da realização de qualquer pesquisa de mercado não precisa ser muito caro, mas é uma compensação importante.

Existem dois tipos de pesquisa: primária e secundária. A pesquisa primária, ou de campo, envolve entrevistas e pesquisas, observações e experimentos, e é realizada com um propósito específico. A secundária, ou de área de trabalho, envolve a revisão de pesquisas e dados que já existem e que podem ser acessados por meio de canais disponíveis, por exemplo, relatórios online.

Os resultados que você registra em sua pesquisa podem ser qualitativos (isto é, o que as pessoas pensam; é subjetivo e aberto a interpretação) ou quantitativos (isto é, envolve fatos concretos e estatísticas; por exemplo, números de vendas em volume).

Uma vez que você tenha estabelecido o seu resumo, sugerimos que use uma combinação de ambas as abordagens de pesquisa. Nas fases iniciais, os custos serão reduzidos ao mínimo. No entanto, você e sua equipe precisam investir tempo e energia para fazer a maior parte do trabalho de campo. Além do tempo gasto na condução da pesquisa, assegure-se também de que dispõe do tempo necessário para planejar e preparar as perguntas que deseja fazer ou os experimentos que deseja realizar, e conceda tempo suficiente para avaliar seus resultados após a pesquisa.

O momento da sua pesquisa é outro fator a considerar. Ela pode e deve ser realizada em diferentes épocas do ano, e deve ser feita antes e imediatamente após o seu período startup.

Competição

Pergunte-se sistematicamente que produtos está vendendo, qual é a sua posição no mercado e qual a concorrência que enfrenta por eles. Os novos concorrentes entram e saem frequentemente do mercado. Isso, combinado com mudanças no comportamento dos clientes, significa que manter-se atualizado com essas mudanças é fundamental para manter sua vantagem competitiva. Jack Welch, ex-ceo da General Electric, disse: "Uma capacidade organizacional para rapidamente entender e traduzir esse aprendizado em ação é a vantagem competitiva final". (Stack, 2013) Os exemplos de concorrência na indústria varejista geralmente se concentram nos grandes supermercados ou nos varejistas online versus os independentes. É verdade que muitas áreas comerciais de pequenas cidades diminuíram como resultado das mudanças no ambiente de varejo. No entanto, também é verdade que, nos casos em que os varejistas independentes trabalharam em estreita colaboração com as autoridades locais e outras, incluindo os senhorios, lutaram para criar experiências de compras competitivas. O investimento na experiência do centro da cidade – atraindo lojas independentes únicas para complementar o mix – proporciona um conceito de varejo muito poderoso. Combine isso a eventos de marketing experiencial frequentes, mercados sazonais, shows de carros, feiras, festivais de música e cerveja, e é possível manter vivo o espírito do varejo.

Diferenciação

Diferenciar-se é simplesmente definido como destacar-se da multidão para atrair e reter clientes. Concentre seus esforços em como sua oferta de produtos ou serviços será melhor ou distinta do que o que está disponível para os clientes. Há várias áreas a explorar que podem ajudá-lo a conseguir isso.

É importante aprender a construir uma reputação positiva de serviço e confiabilidade. Isso só pode ser feito ao longo do tempo e depende de você oferecer consistência em tudo o que faz. A conveniência é outro grande diferencial – torne mais fácil para seus clientes comprar com você, seja na loja física ou online. Você também pode considerar a venda de produtos exclusivos por origem, embalagem especial, tamanho ou marca. Vender não apenas por preço (alto ou baixo), mas criar valor real. Ao longo do tempo, isso irá criar uma poderosa fidelização dos clientes e irá ajudá-lo não só em sua retenção, mas também a atrair outros.

Entrega de serviço ao cliente

Em nossa opinião, os verdadeiros níveis de entrega de serviço ao cliente devem ser medidos quando as coisas dão errado, não quando as coisas estão indo bem. Você e seus funcionários precisam intensificar os esforços quando as coisas dão errado, porque os clientes vão avaliar o quão bem você reage. Exemplos de mau serviço vão desde um cliente que espera um longo período na fila, enquanto observa dois, três ou mais caixas fechados nos períodos de pico, até uma política de devolução deficiente, defensiva e difícil, ou esgotamento do estoque – que não é apenas um mau serviço, mas é dispendioso para o seu negócio em termos de uma venda que você teria feito de outra forma.

Garantir que você tenha um gerenciamento interno bom e competente, capaz de antecipar problemas e entregar soluções, será inestimável. Se o seu negócio depende de pessoas para prestar um serviço, certifique-se de que recrutou as pessoas certas em termos de qualidade e experiência. Anote todos os processos e garanta que o tempo adequado seja alocado para o treinamento, garantindo a prestação consistente do serviço. Muitas organizações de vendas reconheceram essa ligação entre treinamento e vendas, e o retorno sobre o investimento pode proporcionar um crescimento substancial.

Dica

Lembre-se que as pessoas que você emprega são os seus embaixadores. Eles precisam entender a mensagem única da sua marca para poder transmitir isso a potenciais clientes. Na linha de frente, eles entregam a primeira e última mensagem aos seus consumidores.

ESTUDO DE CASO DYSON

Um novo produto foi fabricado em 1978, quando James Dyson ficou frustrado com a diminuição do desempenho do seu aspirador de pó ao longo do tempo, e resolveu descobrir a razão. Ele o desmontou e descobriu que o saco estava entupido com pó, causando a diminuição da sucção. Inspirando-se em uma torre de ciclone industrial construída em sua fábrica, que separava partículas de tinta do ar usando a força de movimento para fora, ele percebeu que o mesmo princípio poderia ser aplicado a um aspirador doméstico. Cinco anos e 5.127 protótipos depois, ele inventou o primeiro aspirador sem saco do mundo. Agora, Dyson é uma marca conhecida mundialmente – e presente em lares de 75 países ao redor do mundo (dyson.com.au).

Dyson demonstra claramente como o constante refinamento e desenvolvimento de sua ideia, juntamente com uma grande dose de perseverança, o levou ao sucesso. A sua filosofia sobre a aprendizagem pelo fracasso é mais bem resumida pela sua declaração, "O fracasso é interessante – faz parte do progresso. Nunca se aprende com o sucesso, mas se aprende com o fracasso". (Goodman, 2012)

A Dyson passou de um homem e uma ideia para uma empresa de tecnologia com mais de mil engenheiros em todo o mundo. E ela não para. Em sua essência, há uma equipe de engenheiros e cientistas em constante crescimento; mais ideias significam mais invenção. Os produtos Dyson ganharam uma reputação distinta pela sua qualidade, ergonomia e design contemporâneo, e tornaram-se um dos produtos mais desejáveis do Reino Unido.

Os seus aparelhos são oferecidos numa seleção de diferentes formas, tamanhos e cores para satisfazer as exigências dos seus mercados-alvo, e a Dyson melhora ainda mais a sua gama, oferecendo um excelente serviço pós-venda. O serviço especializado ao cliente está disponível sete dias por semana e as ferramentas passo a passo para a resolução de problemas ajudam-no a pôr a sua máquina para funcionar. O suporte online inclui vídeos explicativos, dicas úteis e peças e mão de obra gratuitas da Dyson durante o período de garantia. Se a sua máquina não puder ser reparada enquanto estiver sob a garantia, a empresa tem a política de substituição sem complicações. Mesmo depois que a garantia tiver expirado, a Dyson ainda estará disponível para ajudar. No atendimento ao cliente, ao contrário dos call centers tradicionais, em que os representantes estão presos aos seus telefones e computadores e muitas vezes ao roteiro de atendimento de uma tela, os funcionários da Dyson usam fones de ouvido sem fio para que possam caminhar até as estações que abrigam modelos atuais e passados dos produtos da empresa. Os representantes costumam acompanhar as mesmas etapas de desmontagem de um aspirador de pó, ao mesmo tempo em que informam aos clientes as etapas de resolução de problemas.

A Dyson oferece um excelente exemplo de refinamento de um produto, e depois continua evoluindo para atender às necessidades do cliente e do mercado, refinando os detalhes e melhorando a cada passo.

3

Poderosa análise SWOT para o seu negócio de varejo

Pontos-chave

- Esteja ciente das mudanças no seu mercado varejista e esteja pronto para reagir
- Analise seus pontos fortes e fracos
- Abrace suas oportunidades e ameaças

Autoanálise

A análise SWOT refere-se aos pontos fortes, pontos fracos, oportunidades e ameaças do seu negócio de varejo. É uma ferramenta de análise útil para especificar o objetivo do seu negócio de varejo startup e para identificar os fatores internos e externos que são favoráveis e desfavoráveis para atingir esse objetivo.

Essa estratégia simples irá ajudá-lo a trabalhar sistematicamente através de formas que provavelmente levarão o seu negócio a ter sucesso e mediante riscos que podem lhe causar problemas. Mesmo no primeiro fluxo de entusiasmo para a sua nova startup, você deve sempre enfrentar e estar ciente de quaisquer verdades embaraçosas sobre o seu negócio e ser realista sobre suas expectativas.

A análise SWOT é ampliada a seguir, dividida em duas seções: a primeira olhando para os seus pontos fortes e fracos, a segunda para as suas oportunidades e ameaças. Use estas perguntas e ideias para examinar de perto a sua ideia de negócio ou negócio existente e mantenha um registro escrito das suas conclusões. Antecipar como o seu negócio pode ser bem-sucedido, bem como o que pode impedir o seu sucesso, significa que você pode agir, em vez de reagir, à medida que o seu negócio se desenvolve e cresce.

Uma vez concluída, você pode usar a sua análise para escrever uma declaração identificando as principais questões que enfrenta e detalhando as oportunidades que deseja explorar. Lembre-se, embora seja bom identificar uma ampla gama de oportunidades, certifique-se de priorizar quais são as mais importantes para o seu negócio ou quais são as mais viáveis para começar a agir. Qualidade, e não quantidade, é a chave.

Pontos fortes e fracos

Para identificar os pontos fortes e fracos da sua empresa, comece fazendo as seguintes perguntas:

- Você tem um produto ou negócio diferenciado?
- Você tem pontos fortes diferenciados na empresa?
- Qual é a situação financeira da empresa?
- Qual é o nível de serviço que oferece? Olhe tanto para como você acha que o serviço é, bem como para o que os clientes estão lhe dizendo – essas informações podem ser diferentes!
- Qual é a sua base de clientes?
- Como você gerencia as relações com os clientes?
- Qual é o seu preço ou estrutura de preços? Você pretende ser alto, médio ou baixo em seu preço?
- Como isso se compara aos seus concorrentes?
- Quem são seus distribuidores ou cadeia de suprimentos? Você utiliza apenas um ou vários distribuidores/fornecedores? Todos estão oferecendo um bom valor?
- Quais são as suas táticas de promoção e venda?
- Percebe alguma área do seu negócio que necessita de melhorias?
- Faltam habilidades ou novos produtos?
- Você tem uma base de custos mais alta ou menos produtividade do que seus concorrentes?

Oportunidades e ameaças

- O que você está fazendo para se manter atualizado com as mudanças em tecnologia e mercados?
- Há alguma mudança na política ou legislação governamental que afete o seu negócio agora ou que possa afetá-lo no futuro?
- Que eventos locais, nacionais e globais podem impactar o seu negócio?
- Há algum potencial de novos usos de produtos ou serviços que você ofereça?
- Que uso você pode fazer de técnicas promocionais ou de marketing?
- Que fatores sociais, tais como a flutuação demográfica das mudanças de estilo de vida, podem impactar o seu negócio?

Dica

Ao considerar ameaças, lembre-se de que elas podem ser externas ou internas – podem ser qualquer coisa que possa afetar negativamente o seu negócio. As ameaças externas podem ser inflação, nova legislação ou um novo concorrente no seu mercado. As ameaças internas podem incluir uma falta de competência ou redução de equipe dentro da sua empresa.

Figura 3.1 Exemplo de uma análise SWOT

Forças	Fraquezas	Oportunidades	Ameaças
• Localização • Gestão • Empregados • Qualidade do produto • Prestação de serviços • Direitos exclusivos • Alta demanda • Base de clientes existente	• Competição • Margem baixa • Elevados custos de recrutamento • Cadeia de abastecimento • Novos operadores no mercado	• Mercado em expansão • Calendário de lançamento • Primeiro a comercializar • Extensões do produto • Multicanal • Parceiros de investimento • Mercado de exportação	• Fornecimento inconsistente • Propostas de requalificação imobiliária • Rendas inflacionadas • Tributação

Análise da concorrência

Como parte de sua pesquisa sobre seus concorrentes, é uma boa ideia realizar uma pequena análise SWOT sobre cada um deles. Comece es-crevendo um resumo dos seus principais concorrentes. Você precisa tentar prever onde eles estarão durante o período do seu plano e avaliar suas prováveis estratégias, clientes e mercados. Esse conhecimento aprofundado da sua concorrência e a compreensão das coisas a partir da sua perspectiva lhe darão uma visão valiosa.

Como varejista, uma das suas prioridades é descobrir onde os seus competidores estão tendo sucesso e o porquê. A principal questão a responder é esta: o que eles estão fazendo para atrair mais clientes do que você?

Para responder a essa pergunta, coloque-se no lugar de um cliente. Tire algum tempo do seu dia e conheça os seus concorrentes visitando algumas das suas lojas. Aborde-as como uma experiência de compra misteriosa; pense em cada um dos pontos de contato do cliente, bem como na experiência geral do cliente. Mantenha o processo simples – não tente capturar todas as informações na primeira visita e definitivamente evite pranchetas e outros adereços.

O objetivo do exercício é "agir e pensar como um cliente". Você também pode considerar a possibilidade de repetir esse exercício em momentos diferentes do dia e meses do ano, uma vez que os resultados irão variar. Aproveite esse trabalho para construir relacionamentos com potenciais clientes futuros dentro da comunidade. As pessoas locais estão geralmente muito dispostas a parar e responder às suas perguntas ou compartilhar as suas opiniões sobre a comunidade de compras local – elas têm uma riqueza de conhecimentos acumulados ao longo de muitos anos. Como um artigo na Kinfolk sobre empreendedores comunitários observa, "as lojas de bairro não fornecem apenas bens e serviços. Elas também podem se tornar estruturas de apoio valiosas no seio de comunidades criativas".

Você não apenas irá desfrutar dessa experiência de aprendizagem, mas também irá gerar novas ideias lucrativas que o ajudarão a construir o seu conhecimento sobre os seus concorrentes. Usando seus resultados de pesquisa, você deve ser capaz de desenvolver conceitos que irão ajudá-lo a aderir, ou vencer, a competição. As ameaças que a concorrência enfrenta são as mesmas ameaças que você enfrentará também. Nesse sentido, você tem uma base comum.

ESTUDO DE CASO NESTLÉ – LOJA PERFEITA, VIAGEM PERFEITA

O que um gigante da confeitaria tem em comum com as pequenas empresas startups? Como as startups podem aprender o processo de conversão – para transformar potenciais compradores em clientes rentáveis?

A Nestlé International Travel Retail tem, desde muitos anos, liderado a investigação sobre os padrões de compra dos potenciais clientes de varejo de viagens e utilizou essas conclusões para compreender como converter mais viajantes em compradores. Os objetivos da Nestlé consistiam em cumprir três metas comuns que todos os varejistas, grandes ou pequenos, deveriam aspirar:

- Aumentar o trânsito de pessoas no espaço da loja.
- Transformar fregueses em compradores.
- Aumentar o tamanho do carrinho de compras e os valores para cada transação.

A Nestlé reconheceu a importância de conectar e interagir com viajantes globais em diferentes pontos de contato no seu processo de viagem. Depois de anos de extensa pesquisa com compradores e consumidores, a empresa desenvolveu o que chamou de "Loja Perfeita" para ajudar a aumentar os gastos dos clientes em confeitaria nas lojas de varejo de viagens em toda a Europa. A Nestlé alcançou a sua visão e criou Loja Perfeita mediante vários passos diferentes. Primeiro, tornaram a confeitaria mais fácil de compreender e mais fácil de comprar, exibindo-a por marca e fabricante ou com base nas decisões de escolha dos compradores ("Presentes para Ele", "Presentes para Ela", "Presentes para a Família" etc.). Eles também incentivaram os compradores a se envolverem com seus produtos por meio do uso criativo e interativo de acessórios, incluindo pontos nos quais os compradores pudessem experimentar chocolates e ouvir os sons da Suíça. Essa abordagem foi baseada na pesquisa da Nestlé, que descobriu que 52 por cento de todos os compradores que interagiram fizeram uma compra. A empresa tornou a confeitaria acessível a todos os compradores com a introdução de produtos nos pontos em que a investigação constatou que a compra por impulso atingiu uma taxa de aumento nas vendas de cinquenta por cento. Além disso, pequenos toques como o fornecimento de soluções de presentes prontos para serem retirados (já embrulhados) provaram ser altamente bem-sucedidos. A sua estratégia também incluiu a criação de layouts e posicionamento de produto com base na forma como os compradores tomam decisões e mantiveram a consistência por meio da utilização disciplinada de planogramas (um diagrama visual que mostra a colocação de cada produto na loja). Finalmente, a Nestlé deu vida à categoria de confeitaria ao criar eventos sazonais maiores e mais arrojados, otimizando ocasiões de calendário como Ramadã, Natal e Páscoa.

Em 2015, a Nestlé anunciou o lançamento da "Viagem Perfeita", uma evolução da sua iniciativa Loja Perfeita. A Viagem Perfeita é uma plataforma digital e inovadora de aconselhamento de categoria, e é a primeira, tanto para a categoria de confeitaria como para a indústria de varejo de viagens. A plataforma ajuda os varejistas a encontrarem as melhores formas de adaptar a sua oferta existente aos perfis específicos dos clientes.

4

O planejamento da sua estratégia de marketing de varejo

Pontos-chave

Faça suposições baseadas no que você sabe

Crie objetivos realistas que possam ser alcançados dentro de um período

Escreva uma declaração de estratégia de alto nível

Comece a planejar sua estratégia de marketing de varejo

Suposições

É impossível prever cada tendência, movimento, ação competitiva ou fator econômico no mercado, mas suas suposições, premissas e previsões devem ser baseadas no que você sabe hoje – então, certifique-se de que está mantendo um registro delas.

Um ponto importante a ser lembrado é não esperar muito tempo para criar ou revisar continuamente o plano perfeito – ele raramente existe e, enquanto isso, é bem provável que você perca a oportunidade de ter uma vantagem sobre seus concorrentes. As tendências dos consumidores se desenvolvem, a informação é divulgada e novos produtos são lançados todos os dias, por isso, os varejistas que conseguem ser flexíveis com os seus planos desenvolvem os seus conhecimentos e se adaptam às necessidades dos seus clientes têm mais probabilidades de ser um sucesso.

É mais importante começar a executar seu plano e continuar monitorando suas suposições ao longo do caminho, tomando nota de qualquer indicação de grandes mudanças que são um sinal de que é hora de reescrever o plano. Steve Jobs, cofundador da Apple, disse: "Você não pode simplesmente perguntar aos clientes o que eles querem e depois tentar dar a eles. Quando você tiver construído isso, eles vão querer algo novo". Portanto, procure se tornar um varejista flexível e ágil; um que abrace a mudança e não um que tente resistir a ela.

Objetivos

Quando estiver elaborando o plano de negócio, seja sempre realista sobre o que pretende alcançar e quais são os seus objetivos. Pergunte a si mesmo:

- Os objetivos são claros e diretos?
- A sua equipe os compreende?
- Eles são relevantes para o negócio?
- Eles são práticos e realizáveis?
- A escala temporal é realista?
- Você está com o objetivo de atingir clientes existentes ou buscando novos negócios de novos clientes?
- Você está visando novas receitas de canais online?
- Como quantificará o que você está tentando alcançar?

A direção exata que você deseja que a sua empresa tome terá um impacto em todos os aspectos do seu planejamento, e você deve manter a referência de volta aos seus objetivos, certificando-se de que todos os seus planos estão caminhando nessa direção.

Crie a sua declaração de estratégia geral

Sua declaração de estratégia geral deve delinear exata e claramente a razão de sua marca existir e como ela o faz. Deve capturar suas metas e objetivos e a essência do seu negócio, mas também deve ser curta e direta ao ponto – um "discurso de elevador" para o seu negócio, por assim dizer. Para começar, pode ser útil olhar para exemplos de marcas cujos produtos e serviços exibem uma clara declaração de missão e nos quais a estratégia da marca é claramente executada em todas as suas facetas.

Por exemplo, a empresa de sorvetes Ben & Jerry's tem uma declaração de missão em três partes, dividida em produto, econômica e social, que orienta sua tomada de decisão. A sua missão de produto leva a equipe a produzir um excelente sorvete (que é o mais importante): "Fazer, distribuir e vender sorvetes da melhor qualidade e misturas eufóricas com um compromisso renovado de incorporar ingredientes naturais e saudáveis e de promover práticas comerciais que respeitem a Terra e o meio ambiente".

A missão econômica está relacionada com a forma como a empresa é gerida visando um crescimento financeiro sustentável: "Operar a empresa numa base financeira sustentável de crescimento rentável, aumentando o valor para os nossos stakeholders e expandindo as oportunidades de desenvolvimento e crescimento futuro para os nossos colaboradores".

E, finalmente, a missão social concentra-se em gerar ideias novas e inovadoras para garantir que a Ben & Jerry's seja uma empresa que se esforça para tornar o mundo um lugar melhor: "Operar a empresa de uma forma que reconheça ativamente o papel central que as empresas desempenham na sociedade, iniciando formas inovadoras de melhorar a qualidade de vida a nível local, nacional e internacional". (https://www.benjerry.co.uk/values)

No mundo do turismo e da hospitalidade, a Ritz-Carlton Hotel Company tem uma declaração de missão clara que é executada por sua equipe em todo o mundo. Também conhecida como "The Credo", ela afirma: "O Ritz-Carlton é um lugar onde o cuidado genuíno e o conforto de nossos hóspedes são a nossa maior missão. Comprometemo-nos a fornecer o melhor serviço personalizado e as melhores instalações para os nossos hóspedes, que sempre desfrutarão de um ambiente acolhedor, descontraído e requintado". (http://www.ritzcarlton.com/en/about/standards)

Na indústria automotiva, a declaração de missão da disruptiva e inovadora marca Tesla é: "Acelerar a transição do mundo para o transporte sustentável". No entanto, em meados de 2016, sob a liderança de Elon Musk, a empresa mudou a missão corporativa para "Acelerar a transição do mundo para a energia sustentável". (https://www.tesla.com/en_GB/about)

Ao compilar a *sua* declaração, você deve procurar mantê-la simples, clara e facilmente compreensível para clientes e funcionários. Antes de finalizá-la, teste suas ideias e pensamentos com pessoas que você e sua equipe conhecem. Ouça atentamente o feedback delas e esteja preparado para incorporar mudanças.

Comece planejar sua estratégia de marketing de varejo

Com base na sua análise SWOT (descrita no capítulo 3) e na sua declaração das principais questões e oportunidades, você agora deve ser capaz de selecionar os mercados em que pretende competir.

Dentro dos mercados que selecionou, decida como posicionar o seu negócio contra a concorrência identificada. Fatores externos irão, até certo ponto, definir seus objetivos em termos de vendas e desen-volvimento de produtos.

O objetivo do seu plano de marketing de varejo é desenvolver estra-tégias para atender essas metas. Para uma pequena startup, os mercados em que você decide operar são fundamentais, já que, realisticamente, só se consegue operar em um número limitado de mercados sem tentar fazer mais do que o possível e provavelmente acabar falhando em pelo menos alguns deles.

O tempo usado planejando quais mercados lhe convém é bem gasto, uma vez que é mais provável que você consiga alcançar o sucesso se tiver considerado os mercados de forma exaustiva. Considerar as seguintes perguntas irá ajudá-lo a criar uma previsão de mercado e a desenvolver uma declaração descrevendo a sua abordagem ao seu mercado de varejo e como pretende ser visto.

Checklist

PREVISÃO DE MERCADO

- ▯ Quem são os seus clientes?
- ▯ Existe um nicho de mercado?
- ▯ Os clientes neste mercado estão satisfeitos ou estão procurando algo novo?
- ▯ Você pode oferecer algo que realmente satisfaça as necessidades deles?
- ▯ Você vai gerar negócios suficientes neste mercado para sobreviver?
- ▯ Alternativamente, há muitos negócios? Você irá se superar?
- ▯ Como os concorrentes irão reagir?
- ▯ Você consegue se comunicar de maneira eficaz com esse mercado?

DESENVOLVENDO UMA DECLARAÇÃO DE ABORDAGEM

- ▯ Você tem uma compreensão clara das necessidades dos seus clientes?
- ▯ Você compreende os seus pontos fortes?
- ▯ Como você irá diferenciar o seu produto/serviço da concorrência?

ESTUDO DE CASO RYANAIR, MAIS DO QUE APENAS PREÇO

Quando a Ryanair iniciou suas operações em 1985, a percepção na indústria de viagens era a de que eles eram apenas mais uma companhia aérea de baixo custo tentando competir com as grandes do mundo da aviação. No entanto, eles são e sempre foram muito mais do que isso. O fato de a Ryanair utilizar múltiplos canais para se conectar com a sua crescente base de clientes tem desempenhado um papel importante na transformação do negócio no sucesso que é hoje.

A Ryanair oferece uma forte proposta de negócio: ela reconheceu desde o início que a construção de uma extensa rede de destinos aumentaria o volume. A Ryanair é hoje uma das principais companhias aéreas europeias em termos de passageiros transportados, com mais de 130 milhões de clientes por ano em mais de 2 mil voos diários a partir de 86 bases, ligando 215 destinos em 37 países.

Para continuar a ser altamente competitiva, esforçou-se igualmente por investir nos melhores aviões disponíveis. A frota existente é composta por mais de quatrocentos aviões Boeing 737-800, com mais encomendas. O resultado líquido dessa estratégia permitirá à Ryanair baixar ainda mais as tarifas e aumentar o tráfego para 160 milhões de clientes por ano até 2024 (https://www.ryanair.com/ie/en/useful-info/about-ryanair/fleet). A companhia aérea, sem fatalidades, também lidera o setor como a mais segura do mundo, com seu recorde de segurança de 33 anos. (https://www.independent.co.uk/travel/news-and-advice/southwest-airlines-engine-explosion-passenger-death-emergency-landing-ryanair-worlds-safest-a8309831.html) A Ryanair fez declarações de marca ao fazer a diferença para ajudar o meio ambiente, comprometendo-se a reduzir sua pegada de carbono e anunciando um plano que eliminará todos os plásticos não recicláveis de suas operações nos próximos cinco anos.

Para os clientes a bordo, isso significa iniciativas como a mudança para talheres de madeira, xícaras de café biodegradáveis e a remoção de plásticos da gama de produtos em voo. Ela introduzirá igualmente um regime que permitirá aos clientes compensar o custo do carbono do seu voo mediante um donativo voluntário online.

A Ryanair sempre se concentrou na conectividade com o cliente e, visando melhorias contínuas, lançou o seu programa "Always Getting Better" em 2014. O programa inclui uma ampla gama de serviços ao cliente e melhorias digitais, como um novo site e aplicativo, novos uniformes, interiores de cabine renovados, opções de assentos alocados e produtos personalizados. Além disso, para incentivar os clientes a explorar a extensa gama de destinos, a companhia também possui um centro de viagens "Conheça um Lugar Novo", em seu site, que hospeda guias de viagem exclusivos e vídeos de destinos. Ao conectar-se com sua base de clientes e dar escolhas às pessoas, eles estão se diferenciando de seus concorrentes e, ao mesmo tempo, construindo lealdade.

Embora a Ryanair continue a inovar, a única coisa que não mudará serão as suas tarifas baixas – que prometem não ser ultrapassadas – e os clientes europeus continuarão usufruindo da maior e melhor escolha de destinos. Esse foco incansável nos clientes, criando uma cultura fácil para o consumidor utilizar e usando todos os canais disponíveis para isso, tem sido o segredo do seu sucesso.

5

A construção do seu mix de marketing de varejo

Pontos-chave

Use todos os elementos do mix de marketing do varejo

Crie uma resposta baseada nos resultados da sua pesquisa de mercado

Certifique-se de que todos os seus funcionários (embaixadores) estejam engajados na mensagem da marca

Promova-se para os seus clientes

Crie um calendário de marketing

Recrute as pessoas certas

Crie processos de negócios simples

Aperfeiçoe a sua experiência dentro da loja

O que é o mix de marketing de varejo?

O mix de marketing de varejo é mais bem descrito como a combinação de ações que os varejistas usam para atender aos desejos e necessidades de seus clientes. O sucesso geral depende da integração de cada elemento e de como eles se complementam para comunicar uma mensagem consistente aos potenciais clientes.

Há sete questões-chave que devem ser abordadas para cobrir cada aspecto do mercado de varejo, apresentadas na figura 5.1. Lembre-se que cada elemento não pode trabalhar isolado – todos os elementos devem trabalhar em conjunto para garantir que cada cliente potencial se converta em uma venda e se torne um cliente frequente e leal.

Figura 5.1 O mix de marketing do varejo

Qual é a sua política de preços?

Naturalmente, isso significa o quanto cobra pelo seu produto ou serviço. No entanto, antes de definir sua política, faça as seguintes perguntas a si mesmo:

- Qual é o seu objetivo de retorno do investimento?

- Você está definindo seus preços para ser agressivo e ganhar participação de mercado?
- Você quer que os seus preços sejam inferiores aos da concorrência?

Além disso, ao considerar os preços do seu produto ou serviço, uma das suas principais preocupações deve ser a sua posição no mercado e qual a posição de preço que pretende adotar. Isso precisa corresponder aos clientes que você está direcionando. Considere o seguinte: as vendas de artigos de luxo de alto preço geralmente entregam vendas unitárias de menor volume e visam um setor único e muito pequeno do mercado, às vezes conhecido como "os 1%". Os varejistas que vendem bens ou serviços a preços mais baixos apelarão a um público maior ou a um mercado de massas e, por conseguinte, gerarão vendas unitárias de maior volume. Como parte do seu plano, tenha em mente também que um posicionamento de preço mais elevado significa maiores expectativas de qualidade e serviço para o cliente.

Essa diferença pode ter um grande impacto nos negócios de muitas áreas da sua empresa – na escolha de localização, na forma como se comunica e na necessidade de espaço físico para o seu produto ou serviço.

Você deve monitorar os preços de seus concorrentes e examinar quais serviços extras eles oferecem aos clientes que também podem atraí-los. Exemplos disso são encontrados tipicamente na venda de produtos do mercado de massa, tais como combos, pague um e leve dois ou itens de maior tamanho/melhor valor.

Outro fator a considerar é a elasticidade da procura ou a sensibilidade ao preço, que afeta o comportamento de compra dos clientes. Se a procura de um produto mudar significativamente quando houver uma pequena alteração de preço, os consumidores desse produto são considerados sensíveis ao preço. Se houver uma alteração incidental na procura quando há uma alteração maior no preço, então os consumidores são considerados menos sensíveis ao preço. Curiosamente, a pesquisa e a experiência nos mostraram que os clientes existentes são menos sensíveis às mudanças de preços do que os novos clientes.

No entanto, isso não significa que seja uma estratégia inteligente para cobrar preços altos. As alternativas de produtos, o rendimento disponível do cliente e a sua lealdade são fatores que requerem uma análise cuidadosa. Em algum momento, há um preço pelo qual a demanda por qualquer produto ou serviço cairá para zero.

Quais produtos ou serviços você está oferecendo?

Em termos de varejo, seu produto é um item ou serviço oferecido para venda que pode satisfazer um desejo ou uma necessidade. Ao procurar o produto que deseja vender, você precisa pensar sobre ele a partir de muitas perspectivas diferentes.

Para garantir que a qualidade, o design e a finalidade do seu produto correspondam ao perfil do seu cliente alvo e aos seus planos para o negócio de varejo, faça as seguintes perguntas a si mesmo:

- Como o produto é utilizado?
- Quais são as suas características e os benefícios para o cliente?
- Você já considerou as dimensões e a embalagem do produto e suas implicações no espaço?
- Você é capaz de negociar garantias de valor agregado e ofertas de serviço ao cliente com seus fornecedores?
- Compreende perfeitamente como é que o produto foi fabricado?
- Qual é a história do produto ou serviço que você está oferecendo?
- Quais são os estilos, cores ou modelos disponíveis?
- Há alguma atualização que possa estar disponível em breve?
- Qual é o prazo de validade do produto?

ESTUDO DE CASO THE FORGOTTEN TOY SHOP

A loja The Forgotten Toy Shop é um grande exemplo de como a qualidade, o design e a finalidade dos produtos vendidos correspondem ao perfil do cliente alvo.

Karen, a proprietária e criadora, tem trabalhado em muitos setores diferentes, mas o fio condutor que percorreu toda a sua variada carreira é uma paixão pela excelência do serviço ao cliente. Ao lançar a The Forgotten Toy Shop, ela queria que seus clientes tivessem uma experiência semelhante à alegria da brincadeira infantil – e se esforça para trazer a magia da infância para tudo o que faz.

Em 2009, Karen tinha acabado de regressar de uma viagem pela Austrália. Com a ajuda de alguns amigos, ela começou a gerir uma barraca no mercado vendendo presentes e brinquedos tradicionais. Eventualmente, vendeu o último dos presentes e optou por continuar construindo uma gama de brinquedos. Ao longo desse processo, Karen aprendeu que havia uma grande variedade de brinquedos infantis que são lindamente produzidos e feitos para durar. Ela se tornou embaixadora de brinquedos infantis que podiam inspirar a criatividade, a descoberta e a imaginação – e queria que os pais e avôs pudessem se reconectar com a magia de suas próprias infâncias, compartilhando brincadeiras com as gerações mais jovens. Assim, a The Forgotten Toy Shop nasceu. Tendo uma compreensão detalhada de sua base de clientes e uma paixão por brinquedos, Karen se propôs a fornecer produtos seguros e de qualidade que inspiram adultos e crianças a relaxar em um espaço onde crianças podem ser crianças, onde as pessoas podem interagir e onde podem desfrutar do prazer de simplesmente passar um tempo juntos.

Olhando para o negócio agora, está claro que Karen aproveitou sua paixão por oferecer produtos de alta qualidade e canalizou em um design empresarial coeso e, mais importante, uniu isso ao seu propósito: aproveitar o desejo do cliente de brincar e usar isso para fortalecer os laços sociais e familiares.

Você encontra a The Forgotten Toy Shop online em theforgottentoyshop.co.uk, e pode comprar diretamente pelo site. Você também encontra seus produtos em varejistas selecionados e em feiras sazonais em todo o Reino Unido.

Você está vendendo em vários locais?

Pode parecer óbvio, mas onde o seu produto ou serviço é vendido é uma parte fundamental do processo do mercado varejista. Muitas empresas bem-sucedidas usam uma combinação de locais para vender aos seus clientes; o importante é selecionar regiões que sejam facilmente acessíveis ao público-alvo. Ao determinar onde e em quantas localizações comercializar o seu produto, faça as seguintes perguntas a si mesmo:

Checklist

- ▯ Seus clientes conseguem acessar uma loja online, seja em seu próprio site ou por meio de terceiros (por exemplo, eBay, Amazon)?
- ▯ A sua gama completa de produtos está disponível para compra online ou você seleciona gamas específicas de produtos?
- ▯ Sua loja de varejo é apropriada e conveniente para seus clientes alvo?
- ▯ Você opera com base em uma concessão nos principais pontos de venda para melhorar a conscientização/exposição?
- ▯ Você opera um processo de venda direta?
- ▯ Você tenta se comunicar e vender para os clientes usando telemarketing?
- ▯ Você participa de feiras comerciais relevantes? Vende seu produto e gera *leads* quando os atende?
- ▯ Você usa um distribuidor para vender seu produto em seu nome? Seria economicamente viável fazer isso?

Dica

O sucesso no mercado de varejo é obtido por meio de uma combinação de atividades de administração de mercadorias que atendem aos desejos e necessidades dos clientes.

Como você planeja promover para seus clientes?

A atividade promocional é uma forma de comunicar e apresentar a sua oferta a potenciais clientes para convertê-los em transações de vendas reais nos caixas. Você consegue isso usando materiais promocionais ou por caminhos pelos quais pode se conectar. Seja um varejista inteligente: para promover totalmente as ofertas aos seus clientes e potenciais clientes de maneira bem-sucedida, comece falando mais sobre os benefícios do seu produto em vez de apenas listar as características dele.

Os aeroportos são um excelente exemplo de como promover os seus produtos ou serviços. O varejo de viagens é um dos mercados mais competitivos do mundo. No entanto, muitas pessoas acreditam que ter um mercado cativo torna mais fácil para os varejistas de aeroportos venderem seus produtos e serviços. De acordo com a nossa experiência, não costuma ser esse o caso. É verdade que os varejistas de viagens geram altas vendas e alcançam algumas das maiores vendas por metro quadrado no mundo. No entanto, eles devem trabalhar muito e usar toda a sua criatividade para atingir esse sucesso.

As proporções de penetração e de conversão são em números únicos. A pressão do tempo nos aeroportos para que os viajantes comprem e os varejistas convertam a ação em venda é sempre um banquete dinâmico – verificações de segurança, atrasos e chamadas para os portões são uma ameaça constante ao tempo de permanência disponível.

Hoje, os varejistas de viagens estão lutando e usando várias técnicas que outros varejistas não aeroportuários poderiam aprender. As lojas estão posicionadas e projetadas para oferecerem experiências de passagem no momento em que você entra nas salas de embarque. Isso expõe todos os potenciais clientes às principais gamas de produtos isentos de impostos e taxas e à maior oportunidade de se converterem em venda no início da passagem pelo aeroporto. Trabalhando com os fornecedores, os varejistas criam essa experiência dinâmica de loja com grande efeito. As posições de destaque são marcadas e apoiadas por experiências digitais que agora são comuns às principais marcas do mundo. Pessoas altamente treinadas também são fundamentais para essa atividade promocional e aumentam as taxas de conversão de vendas. Os fornecedores de produtos também desempenham o seu papel e fornecem produtos promocionais gratuitos aos varejistas para que estes consigam atingir esse público muito influente. A interação do cliente como ferramenta promocional é o fator crítico para o sucesso. Os varejistas não aeroportuários podem usar essas técnicas e adaptar suas lojas para usar métodos promocionais semelhantes para ajudar a impulsionar as vendas.

A atividade promocional é apenas uma das principais partes de seu mix de marketing, mas vai lhe dar uma chance de engajar os clientes potencialmente interessados, deixá-los envolvidos com o seu produto e pode resultar em uma venda bem-sucedida. Lembre-se sempre que os clientes têm pouco tempo para absorver a mensagem que você está tentando transmitir – por isso, mantenha a mensagem curta, clara e simples.

Não confie apenas nos fornecedores que subsidiam o custo das suas campanhas promocionais com uma oferta de produto ou mão de obra gratuita. Garanta que você tenha orçamento promocional suficiente incorporado ao seu plano. Ao utilizar uma combinação de ambos os recursos, estenderá seu impacto no mercado e melhorará suas vendas.

O desembolso inicial, se a sua ideia promocional for bem-sucedida, valerá o aumento da receita que ela traz. Mas, além de planejar os custos da promoção, o usuário também deve planejar os efeitos da promoção: assegurar que os canais de suprimento sejam capazes de lidar com a demanda de vendas prevista que será gerada pela promoção implementada.

Quando seu cliente estiver entusiasmado com o seu produto e o seu movimento profissional, ele ficará extremamente insatisfeito e desapontado ao descobrir que não consegue comprar o que você está vendendo porque o seu estoque acabou!

Crie um calendário de marketing

Um calendário de marketing é uma ferramenta de apoio que o ajuda a lançar as suas atividades nessa área de uma forma estruturada e pensada. Ele pode ser usado de maneira eficaz para coordenar todas as suas atividades de marketing e, ao mesmo tempo, ajuda a dar uma visão geral de suas táticas e do progresso para o ano.

Figura 5.2 Exemplo de calendário de marketing

Mês	**Janeiro**				
Meta de venda	**Unidade/£**				
Semana	**29**	**4**	**11**	**18**	**25**
Eventos e datas importantes	Véspera e ano novo		Conferência da indústria		Dia dos namorados
Vendas					
Promoção de vendas	Promoção de vendas (Ofertas)	Promoção de vendas (Ofertas)	Promoção de vendas (Ofertas)	Promoção de vendas (Ofertas)	Promoção de vendas (Ofertas)
Esquema de incentivo de equipe	Vendas	Vendas	Vendas	Vendas	Vendas
Material impresso de apoio	Folhetos	Folhetos			Catálogos
Relações públicas					
Lançamento de produtos, eventos especiais e patrocinadores			Conferência da indústria		
Informe de imprensa – nacional/local	Local (relações públicas)				
Online					
Otimização de ferramenta de busca – palavra-chave/ pesquisa	Publicidade de palavra-chave/pesquisa				
comércio/lojas online	Comércio e lojas online				
Listagens de diretórios e classificados	Listagens de diretórios online e classificados				
Sites parceiros	Sites parceiros				

Figura 5.2 (continuação)

Mês	**Janeiro**				
Meta de venda	**Unidade/£**				
Semana	**29**	**4**	**11**	**18**	**25**
Mídias sociais – Twitter, Facebook etc.	Anúncios de Facebook	Tweets antes da conferência	Atualizações	Tweets após a conferência	Fotos
Blogs/ RSS	Venha nos visitar durante a época de promoção e ganhe 10% de desconto		Atualizações diárias da conferência	Promoção de vendas que estão por vir	
E-mail	Venha nos visitar durante a época de promoção e ganhe 10% de desconto			Promoção de vendas que estão por vir	
Podcast				Destaques de venda	
Mobile			Campanha de código de desconto – informação do produto		
Propaganda					
TV			Campanha		
Rádio local			Campanha local		
Impressos			Informação do produto		
Outdoor	Teaser de promoção				
Pesquisa					
Pesquisa de consumidor		Perfil		Pesquisa de satisfação	Feedback
Concorrentes		Avaliação		Avaliação	
Layout da loja	Avaliação		Avaliação		
Posicionamento de produto	Monitoramento	Monitoramento	Monitoramento	Monitoramento	Monitoramento
Efetividade de marketing	Mensurar				Avaliar

Para um exemplo mais detalhado de um calendário de marketing e um modelo de calendário anual, acesse www.koganpage.com/retail-startup. Um calendário pode ser usado para concentrar seus esforços, certificando-se de que você está usando todas as oportunidades para dar ao seu negócio a melhor chance possível de sucesso. Ele deve ser adaptado às suas necessidades individuais – internacionais, nacionais ou locais, dependendo das exigências de negócio – e pode ser dividido em semanas do ano para abordar as atividades de marketing que irão acontecer todas as semanas.

Como alguns produtos se prestam à demanda sazonal, há uma oportunidade de criar um interesse adicional na loja, planejando atividades promocionais táticas relevantes para os clientes. Fale com seus distribuidores da cadeia de suprimentos sobre o cronograma e os próximos lançamentos de produtos. Com base nessas informações, você pode desenvolver um calendário sazonal para promover a loja aos seus clientes.

Ao planejar, considere tanto o mercado quanto o ambiente, bem como todos os canais promocionais disponíveis para você. Feito isso, você pode decidir o tipo e o momento da sua atividade. Como parte desse processo, você pode optar por promover seu produto ou serviço por meio de canais como publicidade em rádios locais e jornais, venda pessoal, lojas de amostragem, marketing direto e mídia social. Como uma opção de custo mais baixo, faça e use conexões tanto com seus clientes existentes quanto com outras empresas próximas ou conectadas à sua. Você pode explorar o valor de seus clientes existentes usando as recomendações deles para promover seu produto. Essa pode ser uma rota muito eficaz. Suas ligações com outras empresas podem ser úteis se você entrar em empreendimentos de promoção cruzada. Isso pode aumentar muito o seu alcance e criar valor real para os seus clientes. Um exemplo recente é o da Butlers Chocolates e a sua parceria com a companhia aérea Emirates. O resultado do trabalho em conjunto foi que passageiros de primeira classe receberam um produto de primeira linha, a Emirates reduziu custos e a Butlers conseguiu exposição da marca a uma audiência mundial muito exclusiva viajando entre 160 destinos.

(https://www.rte.ie/news/business/2018/1023/1006141-butlers-chocolate-emirates-deal)

Uma vez que você comece a implementar as atividades planejadas em seu calendário de marketing, também pode usá-lo para medir e rever a eficácia de suas atividades de marketing regularmente e ajustá-las quando necessário. Se o seu calendário destaca uma atividade que está funcionando bem, então aumente a frequência dela. Da mesma forma, se as coisas não estão indo de acordo com os planos, reduza a atividade e procure meios alternativos. Certifique-se de que está continuamente monitorando os resultados e não se esqueça de falar com os seus clientes sobre o que eles gostaram ou não gostaram. Envolva sua equipe – ela também pode ajudá-lo a desenvolver seus sucessos e aprender com qualquer promoção que você não tenha implementado tão bem. Independentemente dos canais que escolher para promover o seu produto ou serviço, o ponto mais importante a destacar em qualquer nova startup é manter a sua mensagem clara e consistente. Os clientes gostam de coisas simples e fáceis de entender e, na nossa experiência, promoções que seguem essa rota são frequentemente as mais bem-sucedidas.

Você está recrutando as pessoas certas?

As pessoas que emprega podem desenvolver ou quebrar o seu negócio de varejo. Antes mesmo de iniciar o processo de contratação, você deve se certificar de que compreende totalmente o impacto que seus funcionários têm sobre seus clientes existentes e potenciais e o impacto que isso tem sobre o desempenho de sua empresa. Steve Jobs disse a respeito da sua estratégia de recrutamento: "Eu notei que o intervalo dinâmico entre o que uma pessoa média poderia realizar e o que a melhor pessoa poderia realizar era 50 ou 100 para 1. Dito isso, é aconselhável ir atrás dos melhores... Uma pequena equipe de jogadores a+ pode ultrapassar várias vezes uma equipe gigante de jogadores b e c em uma corrida". (https://www.adventureassoc.com/steve-jobs-recruiting/)

Ao recrutar, pergunte a si mesmo:

- Como planeja encontrar as pessoas certas?
- Sabe quantas pessoas são necessárias?
- Qual é a cultura de serviço no seu negócio de varejo?
- Como está planejando fazer com que as pessoas que você emprega comuniquem e adotem essas medidas?
- Você reconhece que desenvolver relacionamentos com as pessoas é um processo de mão dupla?
- Como pretende comunicar a mensagem da sua marca aos seus colaboradores? Como você quer que a mensagem da marca seja transmitida na forma como a equipe interage com os clientes?
- Você criou canais claros que permitem que sua equipe dê um feedback valioso sobre o produto e seus clientes? É assim que a comunicação bidirecional pode ter um impacto considerável e positivo sobre os níveis de motivação de seu pessoal.
- Você planeja investir em habilidades e treinamento de pessoal e compartilhar o sucesso financeiro do seu negócio? Pessoas altamente envolvidas, totalmente treinadas e que entendem os produtos e serviços que você oferece entregarão níveis mais altos de vendas, serviço e engajamento.

Uma vez a bordo, a sua estratégia de engajamento de equipe deve ser uma parte importante do negócio e deve ajudar a impulsionar as vendas, cujos lucros você será capaz de compartilhar com seu pessoal. Novamente, é necessário um ciclo de feedback positivo. Uma forma de reter as pessoas é mantendo-as motivadas e conservando o seu interesse no trabalho *e* no negócio, capacitando-as. Dentro de alguns limites – pois, em última análise, é você quem está conduzindo a marca e fazendo o planejamento futuro – você deve permitir que todos os seus funcionários tomem decisões de negócios que beneficiem os clientes. Quando as pessoas da linha de frente podem dar esse tipo de contribuição, valorizam ainda mais as informações que você comunica a elas sobre como o negócio está se saindo. Se o seu pessoal tiver ajudado na direção que o negócio está tomando, eles irão se interessar pela eficácia das diferentes ideias, o que, naturalmente, se torna evidente quando você olha para as vendas finais.

A comunicação regular do desempenho empresarial ajudará a motivar e envolver os indivíduos a trabalharem como parte de uma equipe. Mantenha esse processo simples – concorde com alguns indicadores-chave de desempenho, kpis (do inglês, *key performance indicators*) que sejam relevantes para o seu negócio. Por exemplo, defina metas de vendas para a semana ou mês e, em seguida, registre o número de clientes que entram na loja versus o número de clientes que compram. O kpi da taxa de penetração versus conversão lhe dará um bom panorama sobre o comportamento de compra dos seus clientes, e, ao monitorar esse kpi em particular, você pode fazer as seguintes perguntas: por que temos muitos clientes entrando na loja, mas não comprando? Temos os produtos ou serviços certos disponíveis? A criação dessa cultura de engajamento trará dividendos no futuro, transformando sua equipe em participantes ativos que gostariam de fazer parte do sucesso do negócio.

Seus processos de negócio são simples?

Em termos de marketing, "processo" refere-se à facilidade com que se faz negócios. Simplificando, é a forma como os seus sistemas empresariais são bem projetados para você e para o cliente. Peter Drucker disse: "Eficiência é fazer as coisas da maneira certa, eficácia é fazer as coisas certas". (https://www.toolshero.com/toolsheroes/peter-drucker/)

Isso começa no nível mais fundamental, como o seu horário de funcionamento, e se estende por todo o negócio. Ter processos robustos e bem pensados são elementos essenciais para qualquer negócio em crescimento. Para analisar seus processos atuais ou definir seus processos, considere as seguintes perguntas:

Checklist

- ▯ As suas horas de funcionamento correspondem às necessidades dos seus clientes?
- ▯ Você tem sistemas em funcionamento para responder prontamente às consultas dos clientes?
- ▯ Os seus processos são simples, eficazes e totalmente compreendidos pelos seus colaboradores?
- ▯ Você possui um processo de gerenciamento de estoque e entrega que atenda às demandas de previsão de seus produtos e serviços?
- ▯ Você tem planos de processo de contingência que cobrem todos os eventos?
- ▯ Você mede o desempenho do seu espaço de varejo para aumentar a produtividade?
- ▯ Que sistema ou processo você adota para gerenciar seu banco de dados de clientes?
- ▯ Qual seu processo logístico de gerenciamento da distribuição de vendas de seus produtos e serviços?

A experiência na sua loja é a melhor possível?

O ambiente físico da sua loja cria a primeira impressão duradoura nos seus clientes. É essencial garantir que a sua loja de varejo ou canal de vendas reflita a qualidade dos produtos e serviços que oferece. Pense cuidadosamente na impressão inicial, bem como na impressão final que os seus clientes têm ao entrar e sair do seu ambiente de varejo. Compare com os seus concorrentes. Assim como ideias sobre sua marca e como deseja que ela seja percebida, você deve ser capaz de usar dados de transações de vendas para medir o desempenho do seu ambiente físico existente. O envio de uma mensagem clara sobre a sua loja e produtos depende da garantia de que você é consistente em todos os elementos do seu ambiente de varejo em todos os pontos de contato com o cliente.

Pense além de apenas fornecer o básico em sua loja. Como você pode usar técnicas sensoriais (cheiro, sabor, som, toque) para melhorar o ambiente da sua loja? As empresas de catering utilizam o aroma de pão e café para atrair novos clientes para as suas unidades com grande sucesso. A música de fundo ou a iluminação da loja também podem melhorar muito a experiência do cliente.

Acolher o cliente à medida que ele entra é, mais uma vez, uma primeira impressão importante, mas esteja ciente da abordagem excessivamente ansiosa dos colaboradores, que também pode criar uma primeira impressão negativa ao fazer com que a pessoa se sinta desconfortável. O segredo do sucesso aqui é ser natural e encontrar o equilíbrio certo para o seu tipo de cliente. Treinar o seu pessoal para encorajar os compradores a tocar e experimentar o seu produto, e certificar-se de que há estoque disponível para isso – é um grande ponto de venda.

Considere oferecer serviços adicionais para atender aos requisitos dos seus clientes sempre que possível. Isso pode incluir, por exemplo, sanitários, assentos, provadores, áreas de descanso, cafés, elevadores, áreas de estacionamento ou transportes. Outro fator importante a se considerar no seu ambiente de varejo é a sua obrigação de cumprir os requisitos de acessibilidade.

De acordo com pesquisa realizada pelo Department for Work and Pensions, as três experiências mais difíceis para as pessoas com deficiência, quando se trata da acessibilidade, são: fazer compras, comer e beber fora. Outro estudo da Extra Costs Commission afirmou que um mau serviço ao cliente levou três quartos das pessoas com deficiência (e os amigos ou familiares que as acompanham) a abandonar uma loja, levando consigo suas carteiras. O estudo deduziu que isso representava até £420 milhões por semana em vendas, o que resulta em perdas para as empresas do Reino Unido. (http://www.bmmagazine.co.uk/news/three--four-disabled-consumers-say-left-shop-due-bad-customer-service/)

Por lei, você deve se certificar de que a sua loja seja totalmente acessível e compatível a todos os clientes, mas os varejistas inteligentes não cumprem apenas esses requisitos – eles vão além. Lembre-se também que nem todas as deficiências são imediatamente reconhecíveis; faça com que a sua equipe esteja ciente disso e incentive-a a não fazer suposições. Errar pode ser caro em termos de vendas, e terá um impacto enorme na reputação. O custo à reputação é ainda maior, porque muitas pessoas vão espalhar a história pelas redes sociais e outros canais. Esse dano instantâneo à sua marca e ao seu negócio pode ser incalculável.

Como ponto de partida, descubra os fatos na sua comunidade sobre associações de deficientes e use esses recursos para aprender mais sobre necessidades e requisitos. Então, faça com que o seu pessoal esteja ciente dessas descobertas importantes. Melhor ainda, faça com que eles participem e aprendam em primeira mão. Sempre inclua essas considerações em seus planos, terá uma grande oportunidade perdida se você não o fizer.

6

Ganhando no varejo – Conheça seu mercado, conheça seu cliente

Pontos-chave

Faça perguntas-chave sobre o seu mercado

Faça perguntas-chave sobre seu cliente

Monitore mudanças e mantenha seu conhecimento atualizado

Ganhando insights sobre o mercado

As empresas de varejo inteligentes devem ter um conhecimento detalhado do mercado em que operam e dos clientes para quem compram e vendem. Para comercializar o seu negócio de forma eficaz, você precisa estabelecer onde o seu produto ou serviço está posicionado no mercado, como o seu negócio opera no atual clima financeiro e como os concorrentes podem afetar o seu desempenho geral.

A sua capacidade de sucesso depende do seu conhecimento e da compreensão dos clientes atuais e potenciais, dos produtos e serviços que eles exigem e da concorrência que existe de outras empresas. Assegure-se de incorporar isso no seu relatório de pesquisa, já que permitirá que você planeje efetivamente a segmentação de clientes, vendas efetivas, concorrência entre fornecedores e novas oportunidades de negócios.

Capturar insights de mercado irá ajudá-lo a construir um conhecimento muito mais profundo na área em que você opera. Ajudará a mudar a sua compreensão do que "você pensa" que está acontecendo (percepção) para um conjunto validado de fatos.

Comece fazendo a si mesmo as perguntas do checklist "Conheça o seu mercado". Isso o ajudará a compilar as informações relevantes para permitir que você tome as decisões corretas para o seu negócio de varejo.

Checklist

CONHEÇA O SEU MERCADO

- ▯ Qual é a dimensão, escala e valor do mercado em que opera?
- ▯ Em qual segmento você está e qual é a sua cota de mercado?
- ▯ Qual é a dimensão, escala e valor da concorrência no mercado em que opera?
- ▯ Você opera em vários mercados?
- ▯ Você é afetado pela sazonalidade?
- ▯ Qual é a procura geral do mercado para o seu produto ou serviço atualmente?
- ▯ Quais são as atuais tendências econômicas e de mercado no seu setor?
- ▯ Você está ciente de alguma inteligência de mercado para produtos ou serviços novos e futuros da concorrência?
- ▯ Você monitora regularmente a concorrência por preços, operações e como isso se comunica com os clientes?
- ▯ Você tem conhecimento das atuais e futuras alterações na legislação que possam afetar o seu mercado?

Você também deve considerar como está coletando e registrando informações, bem como o seu processo e a frequência com que revisa todos os dados coletados. A manutenção e a expansão do seu conhecimento sobre o mercado em que opera devem ser realizadas de forma contínua e é essencial para o seu plano de marketing geral.

Conecte-se com os clientes

Para influenciar clientes novos ou existentes, você precisa primeiro obter um entendimento mais profundo do seu processo de tomada de decisão. No atual clima de marketing e varejo sempre presente, a maioria dos varejistas depara com uma base de clientes incrivelmente ampla e diversificada. Às vezes, o pensamento e o esforço de tentar capturar e compreender essa informação podem ser esmagadores, mas isso deve ser priorizado. Deixar de perguntar – e responder – questões-chave sobre os seus clientes pode levar a muitas oportunidades de vendas a varejo perdidas.

Checklist

CONHEÇA SEU CLIENTE

- ☐ Você realmente conhece e entende quem são seus clientes?
- ☐ Sabe o que eles compram e a razão pela qual o compram?
- ☐ Como seus clientes utilizam o produto/serviço que compram?
- ☐ Os seus clientes esperam que um produto ou serviço personalizado corresponda às suas necessidades?
- ☐ Você está ciente da capacidade do seu cliente de acessar mais informações sobre produtos por meio da tecnologia e que efeito isso tem sobre o seu negócio?
- ☐ Como você se comunica com seus clientes?
- ☐ Você está ciente dos diferentes perfis de clientes de varejo e dos diferentes motivos pelos quais cada um compra um produto ou serviço?
- ☐ O que você está fazendo para satisfazer os clientes que demandam produtos e serviços de varejo que não apenas resolvem uma necessidade básica, mas que também oferecem benefícios positivos adicionais?
- ☐ Como você estabelece as diferenças entre um conjunto de clientes e outro e garante que o seu produto ou serviço de varejo corresponda ao seu grupo alvo ou existente de clientes?
- ☐ Você segmentou seus clientes por quem eles são e o que eles querem para tornar o processo de exploração de oportunidades de varejo mais fácil?
- ☐ Você está monitorando as mudanças nas necessidades dos seus clientes e nos padrões de compra para garantir que possa resolvê-los hoje e prever o que querem no futuro?

Para simplificar o processo de pesquisa de clientes e combater a escala de diversidade dentro da sua base de clientes, uma abordagem em etapas pode ajudar.

Passo 1

Divida e analise os seus clientes em diferentes grupos ou segmentos. Usando, por exemplo:

- Agrupamento geográfico, que pode ser por país, região ou proximidade à sua loja.
- Agrupamento demográfico, por rendimento disponível, idade, sexo.
- Agrupamento comportamental, que visa compreender a utilização real, os hábitos de consumo e a lealdade de clientes específicos. Você pode encontrar dados geográficos e demográficos relacionados a essas informações.

Passo 2

Comece a se fazer as perguntas da nossa checklist "Conheça seu cliente" para cada grupo de clientes. Responda o máximo que puder – e preste atenção onde há as maiores lacunas de conhecimento. Elas podem se tornar áreas de foco no seu plano de marketing.

Passo 3

Ao construir esse conhecimento camada por camada, você começará a entender seus grupos de clientes como distintos uns dos outros. Isso lhe dará a confiança para direcioná-los individualmente com produtos e serviços que sejam relevantes para eles – então comece a fazer um brainstorming dos produtos e estratégias de marketing mais apropriados para cada grupo. Isso não só irá melhorar a sua confiança ao falar de seus grupos variados de clientes, mas, o mais importante, será mais lucrativo para você ao longo prazo.

Passo 4

Ao longo desse processo, assegure-se de que esteja mantendo registros detalhados e contínuos dessa valiosa informação de percepção do cliente. Será um recurso inestimável que você poderá usar como referência no futuro.

ESTUDO DE CASO PIZZAEXPRESS

A empresa PizzaExpress começou há mais de 50 anos, quando o fundador Peter Boizot identificou uma lacuna no mercado, juntamente com uma estratégia para construir uma profunda compreensão das necessidades dos clientes e, em seguida, criar formas inovadoras de satisfazê-los. É por isso que a sua estratégia resistiu ao teste do tempo. Boizot, por causa de sua visão, perseverança e simplicidade no serviço aos clientes, criou um grande sucesso de marca a longo prazo.

Suas habilidades de liderança têm sido consistentemente demonstradas em sua forte determinação e na forma como nunca deixou que a burocracia atrapalhasse. Este ethos foi a luz orientadora para toda a família PizzaExpress e é ainda hoje. Boizot mantinha-se firme em seus planos, mas, ao mesmo tempo, nunca teve medo de aceitar a mudança, especialmente quando ele sabia que era o que seus clientes estavam exigindo. Ele reconheceu muito cedo que seu sucesso dependia de manter o processo simples e combinar outras experiências para seus clientes.

Ele também reconheceu a força do espírito comunitário e da construção do orgulho na área local. Sabia que sua base de clientes locais se tornaria leal e teria um papel vital em seu sucesso. Ele começou uma tendência desenhando cada restaurante em seu próprio estilo para ser relevante e específico para cada área.

Fornecer alimentos incríveis e criar experiências para os clientes são pontos pelos quais a PizzaExpress é apaixonada. No entanto, também reconhece a importância da entrega consistente. Isso não pode ser alcançado apenas com o que é dito em palavras, mas requer uma equipe de pessoas de alto desempenho que interajam diariamente com os clientes. A sua estratégia de recrutamento para a criação da igualdade de oportunidades atraiu e construiu uma equipe forte e diversificada, capaz de se relacionar e se comunicar com grupos de clientes de todas as origens, idades, gêneros ou etnias. É verdadeiramente um perfil de cliente diversificado, servido por uma família PizzaExpress diversificada, e tudo faz parte da sua visão de ter um mundo mais feliz com pizza.

Para ajudar a construir uma compreensão detalhada do comportamento de seu público-alvo e da demografia em todo o espectro social, foi criada uma estratégia de pesquisa social para a empresa. Ele delineou onde o murmurinho estava sendo criado em torno de sua marca e quanto dele estava sendo gerado em cada canal. Essa captura de dados foi inestimável e ajudou a criar a melhor maneira da empresa interagir e se engajar com seus seguidores.

A estratégia de engajamento do cliente da PizzaExpress é extensa e, em nossa opinião, é uma comunicação bidirecional, com um resultado vantajoso para todos. Não só dá ao cliente a oportunidade de se informar, como também permite que a PizzaExpress trabalhe para melhorar a qualidade de seus produtos e serviços.

Os clientes podem se conectar com a equipe de atendimento online ou por telefone ou conversar diretamente com o restaurante que visitaram. Os clientes também podem escolher a opção "Responder à pesquisa", que permite uma troca mais detalhada. Online, há uma opção para "Perguntar qualquer coisa", que pede aos clientes que realcem as cinco perguntas principais. Existe até uma opção para "Quer falar conosco sobre outra coisa?", que abrange tópicos como marketing e perguntas de fornecedores.

A captura desses dados e o desenvolvimento desse conhecimento ao longo do tempo fizeram com que a PizzaExpress ganhasse uma compreensão profunda de seus clientes. Essa informação inestimável permitiu que a empresa respondesse mais rapidamente aos clientes e tomasse as medidas adequadas contra qualquer concorrente ou ameaça no mercado em que opera.

7

Compreenda os princípios básicos das compras

Pontos-chave

Pesquise o comportamento dos seus clientes e os padrões de compra

Crie um layout de loja e monitore o desempenho das vendas

Otimize o seu pessoal para a satisfação do cliente

O que faz com que os clientes em potencial comprem?

O objetivo daqueles que trabalham na indústria de varejo é entender o que motiva as pessoas a comprarem produtos ou serviços. Os varejistas bem-sucedidos são bem versados nas técnicas modernas de persuadir os clientes a comprar. Compreender alguns dos princípios básicos das compras e as razões reais pelas quais os clientes compram pode ter um enorme impacto no sucesso que tem como uma empresa de varejo.

Pesquise o comportamento de compra

Descobrir mais sobre o comportamento do seu cliente dentro da loja e os padrões de compra é a chave para o sucesso. Desenvolver uma compreensão detalhada das razões pelas quais os clientes compram ou não nas lojas físicas, se estão ou não dispostos a comprar nas lojas online, ou se estão dispostos a comprar tanto nas lojas físicas quanto online pode ajudá-lo a tomar medidas positivas. Considere as seguintes perguntas:

- Seus clientes estão comprando por preço, conveniência ou alcance?
- Eles têm uma necessidade especial ou evento para comprar?

Ao construir conexões com os clientes, você pode criar fidelidade e construir suas vendas ao longo do tempo. Há muitas razões pelas quais os clientes compram ou não, mas os quatro principais fatores que mais influenciam os motivos pelos quais os clientes vão comprar com você estão listados a seguir:

- Você tem a gama e a qualidade dos produtos que eles procuram?
- Seu preço é competitivo?
- A experiência da loja corresponde às expectativas deles?
- Seu pessoal presta um serviço de atendimento ao cliente de alta qualidade e de forma consistente?

Os influenciadores dos clientes também são impulsionados por razões sociais, como estilo de vida, tempo e renda disponível. Algumas informações quantitativas sobre o comportamento dos estabelecimentos e os padrões de compra podem ser obtidas por meio da introdução de tecnologia de câmera ou de contagem, ou de técnicas de observação dos estabelecimentos. Combinar esses dados com uma pesquisa qualitativa, o que poderia envolver feedback face a face recolhido na loja, para que você obtenha uma compreensão real do que os clientes pensam sobre o estabelecimento, irá ajudá-lo a implementar mudanças para entregar resultados produtivos.

Muitos anos atrás, um dos autores deste livro esteve envolvido em um grande projeto de pesquisa em aeroporto que monitorou a frequência cardíaca de potenciais clientes em cada ponto do processo de viagem, desde a saída de casa até o embarque no avião. O objetivo foi identificar o melhor local ao longo dessa jornada para se envolver com o cliente e, portanto, influenciar o seu padrão de compras. Já era um fato aceito que quando os clientes tinham mais tempo e estavam num estado de espírito descontraído as suas transações de gastos aumentavam. No entanto, durante muitos anos, os recursos foram investidos em todas as áreas erradas e o retorno do investimento não estava indo bem.

Os resultados desse projeto de pesquisa no aeroporto foram fascinantes. Os batimentos cardíacos eram superiores ao normal quando as pessoas ainda estavam em casa, devido à ansiedade de viajar e chegar ao seu destino, bem como devido à preocupação com a casa enquanto estavam fora. Depois de chegar ao aeroporto, esse padrão de aceleração das frequências cardíacas continuou, mas caiu ligeiramente durante o processo de check-in e à medida que as bagagens eram entregues. Seguiu-se um aumento significativo da frequência cardíaca através do controle de segurança. Foi somente quando os clientes entraram nas salas de embarque, depois de todos os pontos de controle de processamento das viagens no aeroporto terem terminado, que suas frequências cardíacas voltaram ao seu nível de descanso. Se fosse possível desenhar os resultados em um gráfico, a frequência cardíaca do cliente pareceria uma montanha-russa com picos e quedas. Onde a linha no gráfico se torna mais consistente é o momento em que os consumidores são mais receptivos às mensagens de marketing. Logicamente, a conclusão foi que essa era a zona de promoção de produtos e serviços a potenciais clientes.

Essa nova pesquisa forneceu dados quantitativos e insights baseados em fatos que permitiram aos varejistas alterar a implantação de seus escassos recursos, dinheiro e pessoas, e começar a reverter a tendência de retorno sobre o investimento. Uma lição tinha sido aprendida e os recursos realocados com grande efeito.

Com essa pesquisa em mente, pense agora na sua própria loja.

Considere:

- Os meus clientes estão relaxados e calmos? Se não, por quê?
- Como o meu cliente faz compras na minha loja?
- Quanto tempo eles passam na loja?
- Quais são os meus períodos de pico, por dia, semana e mês?
- Por que um cliente faz uma compra?
- Por que não o faz?
- Quantos clientes entram na minha loja e saem sem realizar uma compra?

- Quantos clientes interagem com a equipe?
- Qual é o comprimento da fila na minha loja?
- A loja é fácil de percorrer e a viagem do cliente é tranquila?
- Onde o comportamento do cliente está me dizendo para colocar itens promocionais? No final do corredor, nos caixas, ou em ambos?
- Se necessário, onde os provadores devem ser colocados?

Ao compreender e recolher resultados para esse tipo de pesquisa e avaliar as suas respostas, você irá aprender que os clientes têm diferentes comportamentos de compra por hora do dia, semana e ano. A informação recolhida irá ajudá-lo a aumentar o conhecimento dos seus clientes e, assim, lhe permitirá adotar novas táticas e práticas de trabalho que aumentarão a conversão de potenciais clientes em vendas e o valor da transação por comprador.

Organize o seu espaço dentro da loja

Você pode usar seu novo conhecimento sobre compradores para planejar o layout de sua loja e garantir que seus clientes naveguem por ela de acordo com seus termos. O objetivo, acima de tudo, é não o confundir: mantenha a simplicidade.

Primeiro, mapeie cada ponto de contato físico no trajeto do cliente e implemente ideias para melhorar a experiência em cada etapa. Isso deve começar na rua, e você deve desafiar a si mesmo para pensar sobre como a frente da sua loja ou vitrine aparece para o potencial cliente.

Considere:

- O que faz com que o meu potencial cliente escolha a minha loja em vez da concorrência?
- O que o aspecto e a sensação das janelas ou das portas abertas lhe dizem sobre a sua loja?

Em seguida, pense no que acontece quando o cliente entra na loja. A sinalização de localização de rotas claramente posicionada ajudará os clientes a transitar pelo estabelecimento. Assim que tiver um sistema instalado, monitore-o acompanhando o comportamento dos seus clientes e utilizando as suas descobertas para determinar se o layout da sua loja está maximizando as suas vendas.

A sua principal preocupação deve ser que o espaço na sua loja crie uma experiência confortável para os seus clientes – isso significa que diferentes seções e diferentes produtos devem ser posicionados em acessórios que maximizem as suas vendas. Por outro lado, os produtos que não estão vendendo serão destacados e, no geral, sua loja se tornará mais produtiva.

Você deve ter áreas promocionais táticas dedicadas que serão alternadas regularmente – e garantir que a rotulagem do seu produto dê aos seus clientes todas as informações relevantes que eles querem e precisam para fazer a compra. Você também deve considerar o uso de iluminação para atraí-los para produtos específicos ou adotar ferramentas sensoriais para permitir que os clientes experimentem a mercadoria antes de comprá-la.

Também é importante medir o tempo de permanência dos clientes em sua loja e descobrir o que está impulsionando isso em uma direção positiva ou negativa. Se durante um determinado período você perceber que o tempo de permanência diminui, tente fornecer aos seus clientes outras instalações, como Wi-Fi gratuito, um café ou banheiros, e tente construir o tempo de permanência para a sua visita. Isso irá criar oportunidades para que a sua equipe da linha de frente de vendas tenha mais tempo para se envolver com potenciais clientes e convertê-los em compradores.

Acima de tudo, certifique-se de verificar continuamente os seus processos e analisar o desempenho do seu instinto, considerando os pontos focados neste capítulo. Você pode usar o quadro a seguir como um checklist de pontos para os quais você deve se esforçar para ter sempre uma resposta ou melhorias em mente.

Checklist

- Pense em como você se comunica atualmente com seus clientes e se você está efetivamente acompanhando as respostas deles.
- Considere os métodos que usa para construir a fidelidade do cliente e como pode estender suas boas-vindas além da área de cobertura da sua loja.
- Lembre-se sempre da importância das primeiras e últimas impressões da sua loja. Ao entrar, dê aos seus clientes tempo suficiente para se ajustarem ao seu ambiente de varejo.
- No ponto de venda, certifique-se de que aceita todos os métodos de pagamento para satisfazer as necessidades individuais dos seus clientes.
- Otimize sua equipe para a satisfação do cliente; as pessoas que você tem na frente da loja podem fazer uma grande diferença para a experiência deles.
- Certifique-se de que você implanta todos os seus recursos para corresponder aos padrões de tempo que o seu cliente tem disponível para compras, e em um prazo que atenda às necessidades deles.
- Verifique se você forneceu recursos suficientes para seus clientes completarem suas compras. Isso significa ter o equilíbrio certo de pessoal disponível em horários de pico do dia e em diferentes dias da semana, garantindo a máxima eficiência da equipe e engajamento do cliente. Não vale a pena ter uma grande loja cheia de clientes potenciais se não há pessoas suficientes disponíveis para convertê-los em vendas. Todos devem estar prontos para receber potenciais clientes para maximizar os negócios nesses períodos críticos.
- Incentive a sua equipe a envolver-se com os seus clientes e certifique-se de que está ciente de quaisquer diferenças culturais e linguísticas.
- Treine o seu pessoal (eles também são seus embaixadores) para garantir que possam se comunicar e superar quaisquer barreiras para que todos os clientes tenham uma experiência informativa e agradável na loja.

Dica

A sua principal preocupação deve ser que o espaço da sua loja crie uma experiência agradável e confortável para os seus clientes. Cuide dos seus clientes ou outra pessoa cuidará.

8

Atraindo e retendo clientes online, utilização de conteúdos de marca e redes sociais

Pontos-chave

- Crie um site da marca
- Envolva-se nas redes sociais – mas não exagere
- Compartilhe seu conteúdo
- Ferramentas úteis disponíveis para você
- Erros para evitar; a lista dos "não faça"

Crie um site da marca

Neste capítulo, veremos as melhores maneiras de navegar pelo labirinto digital. A chave para atrair e reter mais clientes é por meio de comunicação e oferta eficazes, utilizando todos os canais disponíveis, o que obviamente inclui a internet. Como discutido em capítulos anteriores, compreender os princípios básicos do mix de marketing do varejo, conhecer o seu cliente e mercado intimamente, bem como os fatores por trás do comportamento do consumidor e dos padrões de compra é o primeiro passo. Em seguida, você precisa saber o que seus clientes querem e disponibilizá-lo online.

Criar um site para o seu negócio de varejo é uma parte fundamental da comunicação e da venda aos seus clientes. Atualmente, eles assumem que você tem um site – ou pelo menos uma página de mídia social cumprindo as mesmas funções – e vão usá-la para descobrir mais sobre o seu negócio em um momento e local conveniente para eles. Os clientes usam sites para comparar a sua oferta com a dos seus concorrentes num curto espaço de tempo e com muito pouco esforço. Certifique-se de seguir os princípios básicos no site para usá-lo de forma eficaz a fim de atrair e reter mais clientes. Seja construindo-o você mesmo, contratando um designer ou desenvolvedor para ajudá-lo, use o seguinte checklist como um guia.

Checklist

- ▯ Mantenha-o simples e fácil de navegar.
- ▯ Certifique-se de que a aparência e a sensação do design refletam os produtos e serviços que você está oferecendo.
- ▯ Certifique-se de que cada página do seu site tenha algo valioso para oferecer.
- ▯ Inclua um *Call to action* em cada página para solicitar a atividade do cliente.
- ▯ Certifique-se de que o conteúdo esteja sempre atualizado e relevante.
- ▯ Inclua informações de contato.
- ▯ Monitore os visitantes do seu site usando ferramentas online, como o Google Analytics, para que você possa saber mais sobre seus clientes e quais partes do site eles estão acessando.
- ▯ Preste atenção na otimização do motor de busca (SEO) para aumentar a sua presença online.
- ▯ Se você está operando uma loja online, certifique-se de que isso seja regularmente monitorado e que tudo esteja funcionando como deveria.
- ▯ Invista em um sistema de pedidos online seguro.

Aplicativos

Os aplicativos estão na moda nos círculos de marketing e, como um varejista de startup, você também pode considerar criar o seu próprio. O varejo móvel já é fundamental para a indústria – quer os clientes estejam navegando em seu site, usando um aplicativo ou interagindo com sua mídia social. A vantagem de um aplicativo é que não se trata apenas de fazer compras – trata-se de conteúdo adicional, e os usuários podem salvá-lo e voltar a ele. Também pode ser mais eficaz do que um site ou páginas de redes sociais no desenvolvimento de um programa de fidelização. Um exemplo de um aplicativo que gostamos muito é o de design de bolsas e acessórios, Radley London.

Recomendamos que você dê uma olhada nele para entender como deve funcionar um aplicativo eficaz (preste atenção em como eles selecionaram produtos complementares).

Use as redes sociais de maneira eficaz

A venda a varejo online pode atingir uma audiência mundial, por isso, considere constantemente como os clientes vão pesquisar e encontrar os seus produtos, e sua loja online pode aumentar o seu negócio em grande escala. Se você usar a mídia social estrategicamente, ela pode trazer clientes para o seu site a partir de lugares não esperados.

Uma estratégia de mídia social deve fazer parte do seu planejamento de marketing anual: uma conta bem administrada no Twitter, no Instagram ou uma página no Facebook que entende e se comunica com os clientes regularmente, sem sobrecarregá-los, é uma forma de publicidade quase gratuita. O compartilhamento entre grupos e indivíduos pode levar a sua mensagem a novos clientes com muito pouco esforço da sua parte. As redes sociais também permitem que você colete informações valiosas dos clientes. Você pode usar conversas e interações online com clientes ou potenciais clientes para avaliar se eles entendem sua marca, o que os atrai para ela e como você pode fazer a conexão vital entre a visita e a compra em seu site e a visita à sua loja física. Você não precisa estar em todos os canais, e é importante que não se sobrecarregue. A tensão de atualizar e responder muitos canais irá desgastá-lo, e a qualidade do seu material irá sofrer; as pessoas podem perceber quando a relação começa a ser forçada ou repetitiva. Escolha as redes que melhor definem a sua marca e ressoam com o seu público e concentre-se em trabalhar bem nelas – é muito melhor dominar essas redes do que ser mestre de nenhuma.

Há milhões de marcas usando mídias sociais e o desafio é manter seus clientes voltando para mais. Para isso, você precisa se preocupar com os desejos e necessidades de seus clientes, ouvi-los e incentivar a interação em seus canais. Fique de olho nos seus concorrentes e use esse conhecimento para melhorar os seus próprios canais – sempre dê às pessoas um motivo para segui-lo.

Twitter, LinkedIn, Facebook e Pinterest têm diferentes audiências com diferentes expectativas, por isso, escolha as suas plataformas com cuidado e depois torne-se especialista nelas.

ESTUDO DE CASO FASHERCISE: ONDE A MODA ENCONTRA O EXERCÍCIO

Um exemplo maravilhoso de um novo negócio influente operando efetivamente como um varejista multicanal é a Fashercise. Ao lado de seu showroom, em Londres, a plataforma online vende roupas esportivas de luxo de designers internacionais independentes. Além de funcionar como uma plataforma de varejo, o site apresenta ainda uma revista online, com artigos no estilo blog que abrangem alimentação, música, tecnologia e bem-estar, bem como moda. O site transmite uma mensagem forte da marca – promover "garotas reais vivendo vidas reais".

A fundadora, Alexandra Vanthournout, foi desafiada a correr uma meia maratona. Ela aceitou e passou meses treinando para isso. Com a sua formação em moda, Alexandra perguntou-se como combinar moda e exercício. Então nasceu a marca Fashercise. O seu espírito empresarial está firmemente enraizado na crença de que a moda e o exercício físico podem funcionar em conjunto e que, acima de tudo, se exercitar deve ser divertido e fazer com que os seus clientes se sintam bem. Alexandra descreve a mídia social como o principal meio de comunicação da marca com os clientes e, portanto, tem uma estratégia de mídia social abrangente no Instagram, Facebook, Pinterest e Twitter.

O Instagram é a plataforma mais importante para a marca, pois hospeda vídeos curtos que mostram o ajuste das roupas. O feed da Fashercise no Instagram também é transacional, aproveitando a função "comprar" dos posts da plataforma e permitindo que Alex acompanhe cliques e vendas.

Como compartilhar seu conteúdo

Depois de começar a definir uma estratégia de mídia social e planejar conteúdo para suas plataformas online, a próxima coisa que deve pensar é em compartilhar esse conteúdo. Isso ajudará a construir um público maior para o seu negócio. O engajamento positivo significa que em seus canais de mídia social estão circulando opiniões de clientes autênticos, o que irá construir sua reputação ao longo do tempo. Ao produzir conteúdo de mídia social, tenha em mente os seguintes pontos:

- Qualidade sobre quantidade.
- Ser original.
- Ser conciso.
- Usar fotos e vídeos.
- Postar conteúdo em momentos-chave.

Priorizar a qualidade sobre a quantidade e ter foco e compromisso inabaláveis com a criação e publicação de conteúdo que devem sempre ter mais importância do que o aumento do número de seguidores nas mídias sociais. Um grupo pequeno, mas leal de seguidores que está engajado e gosta do seu conteúdo tem mais chances de compartilhá-lo em comparação com um grupo enorme que passa direto por ele. Criar conteúdo excelente e ser original andam de mãos dadas. Se você estiver dizendo às pessoas o que elas já sabem ou postando coisas que já viram antes, não vão compartilhar seu conteúdo. Se foi ótimo da primeira vez que o viram, provavelmente já o compartilharam. A criação de conteúdos originais não significa necessariamente que todas as suas ideias tenham de ser novas; tente olhar para as coisas de modo distinto ou apresentá-las de uma forma autêntica.

Embora diferentes plataformas de mídia social ofereçam variados limites funcionais e de palavras, é importante ser sempre conciso, não importa em qual seguimento você está escrevendo. Se isso é algo com o qual tem dificuldade, um limite no Twitter pode realmente ser um benefício para você. Mensagens curtas chamam a atenção rapidamente e são fáceis de serem respondidas e compartilhadas pelos seguidores. O tipo de conteúdo que você está postando também desempenha um papel importante, então considere se também pode incluir uma imagem, vídeo, link ou enquete. É mais provável que os recursos visuais captem a atenção e sejam compartilhados por um seguidor do que uma postagem inteiramente composta de texto. Tente postar fotos relacionadas à sua área, produto ou serviço, e lembre-se de se destacar – mensagens humorísticas, instigantes ou informativas são o que mantêm seus seguidores interessados. Postar conteúdo em determinados momentos do dia é melhor do que em outros. Em geral, é aceito que os horários de deslocamento da manhã e da tarde, durante o almoço e à noite são melhores nos dias de semana, enquanto as tardes têm melhor desempenho nos finais de semana. Isso irá variar dependendo do seu produto e audiência, por isso é recomendado que você faça o seu próprio teste para ver a que horas a sua audiência se envolve mais. Uma vez que você tenha estabelecido seus horários-chave, certifique-se de postar regularmente durante esses momentos para maximizar a eficácia.

Ferramentas úteis disponíveis

Quando você começar a usar mídias sociais para o seu negócio, perceberá rapidamente que cada plataforma exibe conteúdo visual de forma diferente – algumas terão restrições, dimensões ou orientações específicas. Um aplicativo que pode considerar como auxílio para otimizar suas imagens é o Canva. Ele está disponível para iPhone, iPad e Android e é ótimo para criar rapidamente imagens de tamanho correto para uso em diferentes plataformas de mídia social. O aplicativo permite que você adicione imagens diretamente do rolo da sua câmera e selecione entre vários *templates*, incluindo tamanhos para Instagram, Facebook, Twitter e Pinterest e, em seguida, fazer o upload diretamente para esses aplicativos. Se você estava redimensionando a mesma imagem muitas vezes para usar em suas diferentes plataformas, isso será uma grande economia de tempo. Também pode usar os layouts disponíveis no Canva para criar, compartilhar e imprimir cartões de visita, logotipos e apresentações, entre outras coisas, caso você mesmo esteja realizando essas tarefas de design.

Um planejador de mídias sociais, como o Hootsuite ou o TweetDeck, também pode ser útil para economizar tempo. O Hootsuite suporta integrações de redes sociais para Twitter, Facebook, Instagram, LinkedIn, Google+ e YouTube, enquanto o TweetDeck, originalmente um aplicativo independente, foi adquirido pelo Twitter e agora está integrado à sua interface.

Quando você estiver se sentindo produtivo, pode elaborar bastante conteúdo e então agendá-lo para publicação. As ferramentas de agendamento também podem alertá-lo quando a sua empresa é mencionada em uma mídia social e ajudá-lo a pôr em quarentena as menções negativas ao seu negócio. Isso pode tornar a execução do atendimento ao cliente em várias contas de mídias sociais muito mais fácil de gerenciar.

Se você utiliza fotos de banco de imagens, ou uma mistura de fotos de banco de imagens e imagens originais, as bibliotecas de imagens podem ser um recurso útil. Algumas, como o Getty Images e o Shutterstock, podem ser usadas com base em pagamento por imagem, pré-pago ou assinatura. Outros, como Unsplash, StockSnap e Pexels, oferecem bibliotecas de imagens que, no momento da escrita deste livro, podem ser utilizadas gratuitamente, tanto para fins comerciais como não comerciais. Vale a pena ter em mente, no entanto, que um uso excessivo de imagens de banco pode ser muito identificável – as imagens originais geralmente são melhores recebidas pelo público.

Introdução aos canais de mídia social

Se você nunca usou mídia social antes, será útil ter uma visão geral de algumas das principais plataformas. Nós incluímos algumas aqui, mas também vale a pena perguntar a outras pessoas de seu setor sobre a experiência delas ou, se estiver disposto a alocar orçamento, solicitar a ajuda de um assessor de mídia social uma única vez ou de maneira contínua.

Twitter

Concentre-se em ter uma biografia e um nome de usuário claros que capturem exatamente o que a sua empresa faz. Você também pode incluir *hashtags* de palavras-chave em sua biografia, bem como um link para seu site principal. Ambos podem ajudar a aumentar suas postagens e reações no Twitter nos resultados dos mecanismos de busca.

Ao postar, o limite de caracteres do Twitter por mensagem agora é de 280 caracteres e não inclui url s ou nomes de perfil do Twitter (@nome). Incluir *tags* para outros usuários do Twitter, bem como *hashtags* em suas postagens ajuda na visibilidade.

Instagram

No Instagram, você pode configurar uma conta pessoal ou uma conta comercial. Ambas são gratuitas, mas a opção de negócios oferece recursos mais indicados, como análise de dados de atividade.

Depois que tiver entendido as postagens, a frequência é fundamental, e nós recomendamos que seja feita pelo menos uma vez por dia, se possível. Não há necessidade de ser tímido com o texto, como no Twitter, já que o limite de caracteres em um post do Instagram é de 2.200 caracteres, o que lhe dará espaço para cerca de trezentas a quatrocentas palavras. Você pode usar até trinta palavras-chave como *hashtags* em um post, e nós recomendamos que as coloque em um comentário abaixo da sua legenda de texto, para que o leitor não fique sobrecarregado com palavras-chave, ou algumas linhas abaixo de sua legenda, para que haja alguma separação visível. Se você usa Instagram, já terá percebido marcas usando essa abordagem.

O Instagram informa o número de mensagens na rede usando cada palavra-chave – então fique de olho em *hashtags* com muitos resultados: isso significa que é provável que a sua postagem se perca. Para ajudar no engajamento e na descoberta, tente sempre incluir um local ao postar.

Em geral, faça uma curadoria cuidadosa do seu conteúdo e verifique se cada mensagem auxilia os seus objetivos e o seu conteúdo.

Ajuda com *hashtags*

Se você já viu uma *hashtag* e não tem certeza do que significa, uma ferramenta online como o Tagdef pode ajudar. É essencialmente um dicionário para *hashtags*, em que você pode simplesmente procurar a sua e o site irá retornar uma definição. Geradores de *hashtag* online, como o Hashtagify, também podem ajudar a sugerir as *tags* mais populares ou em alta no seu setor ou área de marca, caso você esteja com dificuldades para ter ideias. Você descobrirá, no entanto, que praticar e ficar de olho nos concorrentes são as melhores maneiras de obter um entendimento das *hashtags* que funcionam melhor para o seu negócio – *hashtags* de nicho serão mais eficazes para atingir um público pequeno e engajado do que as genéricas com centenas de milhares de resultados.

Google Maps e Google My Business

Registrar-se no Google My Business gratuitamente dará à sua empresa uma identidade pública com perfil de negócio no Google. Isto não substitui o site, mas o complementa, porque depois de criar uma página Google My Business, as informações da sua empresa serão apresentadas no Google Maps e nas funções de pesquisa do Google. (Obviamente, você precisa ter uma localização física para que isso seja aplicável.) Quando o seu negócio estiver listado, o seu perfil comercial também poderá conter comentários – por isso, encoraje os seus clientes a fazer isso. A prova social está se tornando cada vez mais importante, à medida que os clientes exigentes procuram pessoas e serviços genuínos e autênticos. O programa de orientação comunitária, Google Local Guides, também pode ajudar a aumentar a presença da sua empresa, e incentivar os guias locais a tirar algumas boas fotos da sua localização e dos seus produtos pode realmente ajudar a aumentar a sua exposição online.

Ferramentas úteis

- https://www.canva.com
- https://hootsuite.com
- https://tweetdeck.twitter.com
- https://tagdef.com/en
- https://hashtagify.me/hashtag/tbt

Erros a evitar nas redes sociais

- Conte a verdade sobre sua proposta, sua vida e seus objetivos.
- Seja sempre autêntico, porque você é autêntico. Dê sempre a impressão de que há a sua "assinatura" em todo o negócio, porque é assim que deve ser.
- Descreva sempre o seu negócio da mesma forma que o faria numa conversa normal: Nunca pareça "mecânico".
- Você é um profissional agora – soe e pareça um. Lembre-se, você está sendo julgado pelos melhores.
- Mantenha-se sempre calmo, mesmo que pense que está sendo tratado injustamente. Perder o controle significa perder o seu cliente.
- Concentre-se sempre em si e no seu negócio. Converse incansavelmente sobre as grandes coisas e serviços que oferece. Serão seus clientes que, em última análise, decidirão se seguirão você ou um concorrente.
- Nunca copie e cole. Você nunca sabe onde o conteúdo se originou.
- Você gerencia um negócio. Se seus clientes querem contato, sempre, sempre responda.

- As redes sociais são um trabalho diário. O conteúdo pode não precisar ser mudado todos os dias, mas deve ser examinado.
- Configure uma página de comentários e incentive posts. O feedback dos clientes é o melhor feedback que você pode obter; analise-o metodicamente.
- Esteja atento à linguagem grosseira.
- Não tente operar sem uma política clara de mídia social. As redes sociais nos negócios só funcionam quando há parâmetros claramente definidos. Elas devem incluir informações como, por exemplo, quem será responsável pelo quê.
- Saiba o que você está fazendo no mundo da proteção de dados. Confira: https://www.gov.uk/data-protection-your-business.
- A estratégia de mídia social de uma empresa nunca deve ser entrelaçada com sua vida privada. Elas não se misturam.
- Sua estratégia de mídia social deve sempre refletir a "personalidade" de seu negócio. Nunca permita que as operações essenciais da empresa se interponham no caminho de comunicações sempre positivas.

ESTUDO DE CASO SOPHIE HULME

Foi o lançamento do Instagram que mudou a sorte de Sophie Hulme, uma jovem graduada em uma universidade nos arredores de Londres. Hulme acreditava que os consumidores estavam cansados de logos exageradas nas bolsas e por isso começou a desenhar acessórios atraentes, funcionais e de maneira simples em cores incomuns. Ela queria usar apenas couro de boa qualidade e certificou-se de que as peles eram devidamente tingidas para não perderem a cor.

Hulme realizou uma extensa pesquisa no mercado e sabia que tinha de adquirir couro dos melhores curtumes. Isso levou-a a visitar a Lineapelle, a feira italiana conhecida por expor os principais produtores de peles. Ela lançou os seus preços a níveis acessíveis – muito abaixo dos preços exigidos pelas principais marcas de design. Encontrou seu nicho e gradualmente começou a construir uma marca e atrair um público. Hulme agora desenha suas coleções em Londres e produz suas malas na Itália e Hungria, porque foi lá que encontrou as habilidades de fabricação que queria.

Ela cautelosamente se expandiu online usando o Instagram, abordando-o como uma revista, repleta de conteúdo e informações. Sophie utiliza as mídias sociais, bem como seu site, em harmonia com a presença física de sua marca. Abriu recentemente uma loja especializada numa rua da moda em Londres, que lhe permitiu mostrar as coleções em todo o seu potencial, bem como testar novos designs em pequenas quantidades.

Essa história ilustra precisamente como Hulme identificou uma oportunidade de mercado e confiou em suas habilidades de design para criar um produto que os consumidores comprariam. Ela passou, muito sensatamente, pelos processos de decisão antecipada sobre o comércio online ou em uma loja: escolheu o primeiro. Ela então pesquisou os materiais que precisaria e as fábricas capazes de produzir sua coleção de acordo com os padrões que exigia e dentro da faixa de preço que escolheu.

O que achamos tão impressionante é a abordagem gradual e metódica adotada por Hulme. Ela andou e não fugiu. Desenvolveu sua marca passo a passo, construindo sobre os sucessos e aprendendo com os fracassos. Antes de abrir sua loja, testou uma *pop-up* no centro de Londres que durou mais do que o planejado. Essa experiência lhe deu a motivação e a confiança de que precisava para ter uma loja permanente. A história de Sophie Hulme é muito inspiradora e impressionante, e, o mais importante, fornece amplos exemplos de uma abordagem metódica de negócios combinada com foco e crença pessoal. A moral desse disso é: Ouça os outros, aconselhe-se, mas confie sempre em si mesmo. Você irá prevalecer.

ESTUDO DE CASO GRACE GOULD E A SODA

Enquanto trabalhava para a Apple, Grace Gould tinha a sensação de que muitas mulheres frequentemente eram objeto de condescendência nas seções eletrônicas das lojas de departamento. Tendo acumulado um conhecimento tanto do varejo quanto dos produtos tecnológicos ao longo de sua carreira, ela identificou uma lacuna significativa: ninguém parecia estar falando diretamente com as mulheres sobre tecnologia de estilo de vida, apesar de elas serem as maiores consumidoras desse setor.

Gould lançou a Soda, School of the Digital Age, em 2017. Montou uma coleção de produtos tecnológicos que considerava úteis e que economizavam tempo, além de serem esteticamente adequados ao seu mercado. Ela transferiu a sua visão de design para o site lindamente apresentado da Soda e construiu o feed do Twitter, desenvolvendo uma sinergia da marca que permaneceu consistente com sua posição geral.

Apesar de Gould abraçar totalmente a mídia social, ela começou testando suas ideias em uma loja *pop-up* em Londres. Ela foi encorajada pelos seguidores das mídias sociais e rapidamente identificou que as lojas de departamentos inovadoras e líderes de mercado, como a Selfridges, poderiam estar interessadas em dar um espaço à sua coleção. Ela estava certa e, depois de um ano ou mais de negociação em sua *pop-up*, a Selfridges realmente deu espaço para seus produtos no setor de tecnologia. Esse avanço proporcionou a visibilidade que a Soda precisava, e agora está pronta para ter seus produtos expostos em dez lojas nos Estados Unidos.

Essa é uma história brilhante de nicho de conhecimento construído em um campo específico voltado para uma ideia de negócio original lançado por um proprietário criativo e tenaz. A abordagem sistemática de planejamento da Gould, pesquisa, fornecimento, relevância de mercado, comportamento de compras, marketing de mídia social, *branding*, desenvolvimento de produtos e novos canais para o mercado é impressionante, e por isso incluímos essa história.

Gould também atraiu financiamento de um grupo de capital de risco inovador, a LocalGlobe, que lhe permitiu continuar a desenvolver a sua marca; o estilo e a estética da LocalGlobe encaixam-se perfeitamente no espírito da Soda.

No próximo capítulo, veremos como lidar com a captação de recursos e o que esperar de um fundo de capital de risco.

PARTE TRÊS

Planejamento e controle financeiro eficazes

9

Como iniciar o seu negócio de varejo

Pontos-chave

Tome decisões bem fundamentadas sobre como irá gerir o seu negócio

Inicie boas relações com as pessoas, incluindo o banco com o qual você trabalhará

Seja realista quanto aos seus custos iniciais

Começo do negócio e seleção de estrutura

A manutenção de um balanço saudável é fundamental para qualquer empresa bem-sucedida e, para isso, é necessário planejamento e previsão. Ao longo dos próximos capítulos deste livro, veremos:

- A construção de um plano de negócios.
- A gestão de tesouraria.
- O monitoramento de vendas.
- Dicas para que o seu negócio permaneça numa posição financeira positiva.

As estratégias que apresentamos aqui foram desenvolvidas pelos autores; passamos nossas carreiras no varejo e queremos oferecer aos varejistas startups e independentes as habilidades e conhecimentos para gerir um negócio eficiente e bem-sucedido. O setor está em constante mudança; como varejista, você trabalhará constantemente para melhorar o seu negócio e desenvolver suas habilidades. Você pode esperar que as condições de negociação permaneçam duras e muito competitivas. É importante que entenda totalmente como o seu negócio está operando contra as projeções e quais mudanças pode fazer para não apenas sobreviver, mas também crescer. É essencial que você planeje o tempo para avaliar sua posição financeira regularmente e para responder aos desafios à medida que eles se revelam. Você também verá que esse curso de ação irá gerar algumas oportunidades adicionais.

Mas, para começar com o básico, precisamos primeiro pensar em começar o seu negócio. Fazer as escolhas iniciais corretas sobre a estrutura do negócio, o banco, o esquema de registro de iva e as obrigações laborais é algo muito importante. Em termos de estrutura empresarial, existem três tipos principais para escolher:

- Operar como comerciante individual.
- Formar uma parceria de negócios.
- Criar uma sociedade anônima.

Comerciante individual

Ao optar pela via do comerciante individual, você e a sua empresa são efetivamente a mesma coisa, tanto do ponto de vista fiscal como jurídico. Isso significa que você é pessoalmente responsável pelo negócio e por quaisquer dívidas em que incorra. Os lucros que você gera, que são as vendas menos os custos, são declarados em seu imposto de renda anual e classificados como sua renda pessoal naquele ano, mesmo que não seja pago com salário ou em sua conta bancária pessoal. Você deve pagar imposto de renda e seguro nacional sobre ela com as taxas de imposto de renda padrão. Embora não precise registrar a empresa como tal, deve informar ao departamento governamental apropriado (no Reino Unido, o hm Revenue and Customs) que está trabalhando por conta própria para fins fiscais.

Parceria de negócios

Um acordo de parceria é semelhante ao de um comerciante individual, mas difere na medida em que tem mais de um proprietário. Todos os parceiros possuem uma porcentagem especificada dos lucros e das obrigações, portanto, devem pagar impostos sobre essa porcentagem. Tal como acontece com um comerciante individual, a parte dos lucros de cada parceiro é tratada como o seu rendimento.

Sociedade anônima

No caso de uma sociedade anônima, o negócio torna-se uma entidade jurídica separada. Isso significa que a empresa deve ser formada, ou incorporada e registrada adequadamente (no caso do Reino Unido, na Companies House). Terá também de dispor de certos documentos jurídicos normalizados que regulem o que pode fazer e em que área de atividade operar. A empresa será controlada e de propriedade daqueles que possuem suas ações, e você pode alocar ações para qualquer número de pessoas quando a empresa for constituída. Pode manter todas as ações para si mesmo, alocar algumas para um cônjuge, ou vendê-las (*equity*) para levantar fundos. A gestão de uma sociedade anônima apresenta vantagens, bem como obrigações administrativas adicionais.

Escolha do banco, angariação de fundos, IVA e cobertura de custos

Depois de ter tomado a decisão sobre a sua estrutura empresarial, existem outras questões práticas e financeiras a se levar em conta. Escolha o seu banco com sabedoria, pois ele irá desempenhar um papel importante no sucesso do seu negócio. Você não apenas deseja um bom serviço a um preço razoável, como também quer trabalhar com uma organização que compreenda a sua visão de negócio e que forneça ajuda e conselhos úteis. Veja as ofertas, nunca exagere no potencial de crescimento e sempre participe de reuniões com um conjunto completo de documentos.

A pasta de documentos que você leva ao banco deve ser apresentada em um arquivo com oito seções e um sumário. Cada seção deve ser claramente definida, e você deve procurar não deixar nenhuma pergunta sem resposta. Pode ser que peçam para você deixar essa pasta com o banco, então certifique-se de ter feito cópias antes de ir à reunião.

Os documentos que deve levar para seu banco estão listados a seguir.

Checklist

- ▯ Sobre você: seu histórico e um currículo
- ▯ A sua visão de negócio
- ▯ Onde pretende negociar (loja física, loja online ou ambas)
- ▯ Por que acha que sua visão de negócio vai funcionar
- ▯ O seu plano trienal
- ▯ Sua necessidade de caixa
- ▯ Para que precisa desse dinheiro – em detalhes
- ▯ Que tipo de estrutura empresarial você selecionou

Você deve então investigar completamente os vários esquemas de registro de iva que pode usar; peça aconselhamento ao seu contador ou advogado sobre a melhor opção para o negócio.

Se pretende empregar pessoas, terá que se registrar como empregador no hmrc. Não é bem conhecido, e vale informar, que mesmo que espere que as suas vendas nos primeiros anos sejam abaixo do limite do iva, ainda é possível registrar-se e reclamar o iva que lhe foi cobrado pelos fornecedores e empreiteiros.

Antes de iniciar a negociação, você deve garantir que tem o seguro certo. Você pode encontrar uma seguradora autorizada no site da British Insurance Brokers' Association (biba). Por fim, dependendo do tipo de negócio que está executando, pode ser necessário uma licença ou permissão específica; você pode verificar isso no site gov.uk.

Quando inicia seu negócio, não importa quão detalhadas sejam suas projeções, não será capaz de calcular exatamente todos os seus custos. Despesas inesperadas sempre surgirão. Você terá que usar sua melhor estimativa para uma série de custos, tais como aquecimento e iluminação, marketing, promoções, viagens, impressão e papelaria. Você pode pesquisar online como obter cotações aproximadas e informações de fonte sobre os fornecedores disponíveis.

Deve procurar manter as suas despesas gerais fixas no mínimo, caso o seu volume de negócios diminua. Analise as suas despesas gerais regularmente, trabalhando em estreita colaboração com os seus fornecedores e senhorio, se tiver um. Lembre-se: abertura, transparência e honestidade são a única maneira de trabalhar em conjunto – e ter a confiança deles te beneficiará caso precise que ofereçam alguma flexibilidade.

Preparação de apresentação para angariação de fundos – Esteja atento às regras de ouro dos investidores

Antes de qualquer investidor colocar o dinheiro para render, eles precisam saber no que estão investindo. Isso pode parecer óbvio, mas muitas propostas são vagas e não são devidamente ponderadas. Ter um plano claro e bem apresentado significa que os investidores podem condicionar-se em termos de estimativa de quando poderão ser capazes de ter um retorno e calcular se um investimento no seu negócio satisfaz as suas aptidões de risco.

Um investidor nunca aplicará numa proposta que não compreenda imediatamente (tal como os clientes de hoje) e que não possa ser descrita numa folha de papel. Eles também farão suas próprias pesquisas, então nunca faça afirmações infundadas, nunca exagere, nunca faça suposições excessivamente otimistas ou declare “fatos” que possam ser facilmente verificados.

Antes de se aproximar de um investidor, faça a sua própria diligência sobre ele. Nenhum investidor irá colocar todos os seus ovos em uma única cesta, portanto, evite aqueles em que o seu tipo de negócio se sobrepõe a muitas outras empresas nas quais eles investiram. Investidores bons e imaginativos irão contra o rebanho. Se a sua proposta trouxer algo novo ao mercado, é mais provável que encontre financiamento. Para obter os melhores retornos, um investidor ignorará o que todos os outros estão falando e tentará escolher um conceito original.

Como discutiremos mais à frente neste livro, o dinheiro realmente é rei para o investidor. Embelezar conta de p&l não significa nada para um investidor – é no documento de fluxo de caixa que eles se concentrarão. Se o seu negócio demonstra que está em condições de gerar dinheiro, as hipóteses de atrair um investidor irão melhorar drasticamente.

Os investidores procuram empresas que possuam o potencial para obter o poder de precificação. O poder de precificação é a sua capacidade de comercializar os seus bens e serviços a preços que são simultaneamente competitivos e que não podem ser contestados por outros varejistas. Ted Baker tem poder de precificação, Uniqlo, Primark, Burberry, Zara, Next, Apple e Microsoft têm poder de precificação. O que essas marcas têm em comum é que tudo o que vendem é vendido e comercializado sob a sua própria marca.

Os investidores procuram valor e não são influenciados exclusivamente pelo preço. Assim como o consumidor, eles identificam valor, não apenas pelo preço, mas pela qualidade, a singularidade da proposta e a sensação de que o negócio tem a capacidade de continuar inovando.

ESTUDO DE CASO PAUL SMITH

O primeiro amor de Paul Smith foi o ciclismo, mas, depois de bater com a bicicleta e se machucar, o homem com uma visão inovadora abriu uma pequena loja de moda funky em Nottingham, em 1970. Ele havia observado o mercado de moda masculina naquela época e não conseguia encontrar um olhar que admirasse ou ao qual se aspirasse, qualquer coisa que correspondesse à sua visão de moda. Assim, em um primeiro exemplo do que surgiria desse homem motivado, ele preencheu a lacuna que havia identificado. O que nos impressiona é como Smith desde o início satisfez continuamente as necessidades do seu mercado alvo sem nunca comprometer a sua proposta única.

Ele estabeleceu uma assinatura distinta, muito cedo, no desenvolvimento de sua marca, desenhando um conjunto de listras multicoloridas que usou de muitas maneiras – em suas coleções de roupas, artigos de couro, artigos de papelaria, fragrâncias e embalagens. As listras tão conhecidas protegeram a margem de Smith removendo o "preço de marca identificável" por seus concorrentes e ajudaram a criar a sua identidade de marca exclusiva. Suas coleções se expandiram rapidamente, e sua linha de roupas femininas foi maravilhosamente recebida em seu lançamento.

Uma boa marca pode ser reconhecida antes que um rótulo seja visto e Smith dominou isso de uma forma peculiar e original. A sua estética viajou da loja para a internet e para as redes sociais. Seu foco e confiança foram brilhantemente empregados quando decidiu apresentar suas coleções pessoalmente em feiras comerciais e em viagens de exportação.

Smith não produz nada; tudo o que ele vende em lojas, online ou por atacado é fabricado por licenciados cuidadosamente selecionados.

O principal foco de exportação de Paul Smith era o Japão. As empresas e os consumidores japoneses exigem perfeição absoluta, e Smith percebeu logo no início desse encontro que o desafio beneficiaria os padrões em todo o seu negócio. Ele é muito admirado no Japão porque estudou o mercado e respeitou os padrões e a inovação exigidos pela base de clientes.

Os padrões de Paul Smith nunca caíram e ele conseguiu evitar todos os erros que muitas marcas de renome mundial experimentaram ao se comprometerem com fábricas abaixo do padrão. Em suma, Paul Smith é um excelente exemplo do que defendemos neste livro: visão, foco, controle, crença, individualidade, visibilidade, consciência de mercado, respeito ao cliente e uma busca incansável pela qualidade e diferenciação.

10

Produção de um plano de negócios orientado pelos resultados

Pontos-chave

Um plano de negócios cuidadosamente elaborado será o seu roteiro

Planeje para os tempos ruins e bons

Use planilhas para registrar e prever suas finanças

O plano de negócios e controle

O plano de negócios é composto por um conjunto de documentos. Ele não "morre" nem é colocado em uma gaveta quando a empresa começa a funcionar. É inicialmente baseado em sua pesquisa de mercado, em sua visão e, claro, em suas suposições. Ele deve ser dinâmico, porque, uma vez que a negociação começa, você vai medir o seu desempenho com base em suas suposições e fará ajustes. Terá previsões de vendas e margens e, dependendo da realização dessas duas métricas principais, terá planejado gastar dinheiro em estoque e comprometer-se com os custos. Se, após três meses, começar a surgir uma variação significativa em relação às suas suposições originais, positivas ou negativas, você precisará fazer ajustes. Esses ajustes podem resultar na necessidade de comprar mais para resolver uma escassez de ações, podem exigir uma análise da margem, pois a linha de lucro bruto está parecendo fraca, podem exigir uma revisão dos custos que estão acima do que o esperado, ou cancelar o estoque porque as vendas estão inferiores à previsão. Todas as empresas, desde as maiores até as menores, monitoram seus negócios dessa forma. Se você pilota uma aeronave e consegue ver uma tempestade à frente pelo seu radar, tomará uma ação evasiva. Gerir uma empresa requer a mesma concentração forense nos controles.

A visão

O plano de negócios deve começar com a sua ideia e visão. Laura Jane Balance, cofundadora da Merge Records, reforça isso ao dizer: "Um varejista é uma pessoa criativa que tenta criar algo que agrada a outras pessoas. Um varejista precisa ser criativo, observador, corajoso e paciente". Seu plano de negócios de varejo inclui uma breve descrição do setor e explica por que você acha que pode penetrar no nicho em que quer negociar. Ao descrever o setor específico, discuta as perspectivas atuais e as possibilidades futuras.

O mercado

Você também deve fornecer informações sobre todos os vários mercados e segmentos da indústria varejista, incluindo quaisquer novos produtos ou desenvolvimentos que beneficiem ou que possam prejudicar o seu negócio. Uma análise minuciosa do mercado obriga você, o empresário, a se familiarizar com todos os aspectos do mercado para que o mercado-alvo possa ser definido e a empresa possa ser posicionada de modo a conquistar sua participação no mercado.

A concorrência e a análise SWOT

O objetivo da análise competitiva, às vezes chamada de análise SWOT, como discutido no capítulo 3, está no documento para ilustrar os pontos fortes e fracos que percebe nos concorrentes de seu mercado, as estratégias que lhe proporcionarão uma vantagem distinta, os passos que você dá para evitar que a concorrência penetre em seu mercado, mantendo sua proposta única e quaisquer pontos fracos que possam ser explorados dentro do ciclo de desenvolvimento do produto.

O produto

O seu plano de negócios deve incluir uma seção que descreva o produto. Isso deve cobrir como ele será adquirido, comprado e produzido, bem como se pretende fabricá-lo. Em seguida, pense em como a empresa será comercializada e o orçamento para realizar o marketing, incluindo a mídia social e a estratégia de relações públicas, que precisa ser clara e totalmente orçada.

Os controles

O controle das operações, juntamente com um plano de gestão, é assinado para descrever como o negócio irá funcionar diariamente. O plano de operações irá destacar a logística da organização, tais como as várias responsabilidades da equipe de gestão (se for necessário empregar ou envolver), as tarefas atribuídas a cada pessoa e os requisitos de capital e despesas relacionados com as operações do negócio.

O pacote financeiro

Uma seção de dados financeiros deve incluir a conta de ganhos e perdas, bem como uma análise de sensibilidade que ilustre o impacto na linha de base das oscilações do volume de negócios e das margens, da previsão dos fluxos de caixa e do balanço (estes serão abordados detalhadamente mais adiante neste capítulo). Isso é sempre anexado ao final do plano de negócios. Mas não significa que esses documentos sejam menos importantes do que o material inicial.

O planejamento financeiro e os controles internos são vitais para a sobrevivência e o sucesso de todos os negócios de varejo no mercado atual, especialmente para uma startup. Conduzir as vendas, controlar e medir o estoque e gerenciar o caixa só são possíveis com controles internos eficazes e um bom planejamento financeiro. As startups de varejo precisam aceitar que os controles internos são algo pelo qual devem ser responsáveis e não podem deixar essa função a um contador.

Controles internos asseguram que a formação financeira seja precisa para que o negócio possa tomar as medidas apropriadas garantindo que a empresa cumpra seus objetivos e metas, protegendo seus ativos (ações), gerenciando o caixa e minimizando o risco. Sem um planejamento financeiro e controles internos adequados, um negócio de varejo pode sair do controle muito rapidamente, uma vez que o investimento em estoque é elevado e a gestão do fluxo de caixa é vital.

Checklist das partes constituintes do plano de negócios

- ▯ Ideia e visão do negócio
- ▯ Mercado
- ▯ Concorrência e análise SWOT
- ▯ Produto
- ▯ Controles
- ▯ Pacote financeiro

Os layouts do plano de negócios podem variar e leva tempo para produzir um plano de negócios minucioso. Se essa é a primeira vez que você tenta elaborar um, há uma série de sites que podem ajudá-lo. É útil pedir a um amigo, membro da família ou colega de confiança que o ajude a fazer um brainstorming sobre alguns dos elementos do checklist. Uma vez que você começa a colocar seus pensamentos no papel, a realidade do negócio ganha vida – realmente desafie a si mesmo e coloque o máximo de detalhes possíveis no plano. O plano de negócios será essencial para obter financiamento ou investimento bancário e, no futuro, ele será sua "bíblia" para garantir que tudo está funcionando como planejou. Esse documento deve permitir-lhe reagir rapidamente a quaisquer variações, eliminar surpresas desagradáveis e dar visibilidade total ao seu negócio. Para um checklist detalhado do que deve ser incluído em seu plano de negócios, consulte o final deste capítulo.

Planejamento financeiro para o seu plano de negócios

Um bom planejamento financeiro é fundamental para que qualquer negócio seja lucrativo. Você precisa de tempo para monitorar o seu dinheiro e se planejar para o futuro. Produzir um plano de negócios é o seu primeiro passo para gerir um negócio de sucesso. É um resumo da atividade, que descreve como você vai alocar recursos, focar questões-chave e se preparar para problemas e oportunidades. O seu plano de negócios é como um roteiro: se você não sabe para onde está indo, como saberá que chegou lá?

Ponto de equilíbrio

O seu ponto de equilíbrio é quando o dinheiro que entra é igual à quantidade de dinheiro que sai (incluindo o imposto sobre vendas). Para atingir o ponto de equilíbrio, você precisa ter certeza de que é capaz de ganhar dinheiro suficiente para cobrir seus custos. Tenha sempre em mente a questão de quão baixo pode permitir que as vendas cheguem antes que seu negócio se transforme em uma perda líquida. Produza um plano com uma redução de cinco por cento nas vendas, por exemplo, e projete como isso afetaria seu lucro e fluxo de caixa.

Detalhes financeiros

Como mencionado anteriormente neste capítulo, o seu plano de negócios deve incluir uma conta de lucros e perdas, um balanço patrimonial e uma previsão de fluxo de caixa.

A conta de ganhos e perdas resume as receitas ou rendimentos que entram no seu negócio, os custos, despesas ou custos gerais, excluindo iva ou imposto sobre vendas, quando aplicáveis, durante um período específico da sua escolha e irá ilustrar o dinheiro necessário para gerir o seu negócio de forma rentável.

O balanço mostra o que a empresa possui (seus ativos), o que deve (seus passivos) e o que foi investido (patrimônio líquido). Isso é frequentemente mostrado como a seguinte equação: Ativo = passivo + patrimônio líquido.

A conta de fluxo de caixa no plano de negócios registra os montantes de caixa e equivalentes que entram e saem da empresa, incluindo iva ou imposto sobre vendas, quando aplicáveis. Esse é um documento muito importante, pois permite que você preveja a quantidade de dinheiro que terá no futuro, digamos, três meses à frente. Você pode ter uma grande conta a pagar em três meses, e um documento de previsão de fluxo de caixa bem administrado avisará com antecedência se terá os fundos necessários. Isso é melhor saber mais cedo para que possa fazer planos.

Planilhas de exemplo

Nossas planilhas de exemplo e metodologia ilustram todos os relatórios financeiros que você deve considerar, incluindo títulos de despesas sugeridos para o documento de fluxo de caixa. Se você não tem uma compreensão clara dos termos financeiros e planilhas, será útil encontrar um mentor ou contador. As planilhas em destaque são apenas exemplos. Com o apoio de um contador ou mentor, você pode adaptá-las especificamente para o seu negócio. Use a metodologia de suporte de cada planilha como um modelo para aplicar ao seu modelo de negócios.

Para fazer o download das planilhas completas em um formato que você mesmo pode usar, acesse www.koganpage.com/retail-startup.

A planilha Conta de Lucros e Perdas Previstos mostra se uma empresa gerou lucros ou perdas sustentadas durante um período específico. Os lucros são essenciais para a sobrevivência a longo prazo de uma empresa e constituem uma importante fonte de fundos para novos investimentos. O valor do lucro pode muito bem ser utilizado pelos proprietários para medir o desempenho do negócio e fornecer um valor para ele.

Use o exemplo da Conta de Lucros e Perdas Previstos como modelo – insira em uma planilha todos os cabeçalhos da sua empresa e inclua todas as receitas, rendimentos, custos, despesas e custos indiretos. Você poderá então calcular a sua margem bruta, bem como o seu total de lucros e perdas para o ano.

A planilha Previsão de Balanço Patrimonial fornece uma rápida visão da posição financeira global de uma empresa em uma determinada data. Um balanço patrimonial inclui os ativos, passivos e patrimônio líquido da empresa. Apresenta uma declaração dos ativos (coisas que são propriedade da empresa) e passivos (créditos sobre a empresa) nessa data. Manter um balanço patrimonial saudável é fundamental para qualquer negócio bem-sucedido, portanto, é necessário definir claramente esses pontos em um determinado momento à sua escolha, normalmente a partir do final de janeiro. Essa é a visão geral da saúde da sua empresa.

Uma planilha de balanço tem dois pontos que devem ser equilibrados. No primeiro, figuram os ativos fixos: equipamentos, acessórios, máquinas, ativos amortizados; e os ativos correntes: estoque, vendas e iva cobrados. O segundo ponto define as responsabilidades ou obrigações financeiras das empresas: estoques não pagos, renda, taxas de negócio, paye (pago de cordo com recebimento ou *pay as your earn*) e ni, encargos bancários e outras despesas. Para o balanço patrimonial, o passivo circulante é deduzido do ativo circulante para chegar ao ativo total, menos o passivo. Esse total do ativo fixo deve corresponder, ou equilibrar, o capital social da sociedade (número de ações em circulação) mais o lucro do período (isso é conhecido como patrimônio líquido). A planilha está agora equilibrada. Um ótimo vídeo sobre esse assunto pode ser visto no YouTube, veja as referências deste capítulo.

A planilha de Previsão de Fluxo de Caixa registra os montantes de caixa e equivalentes entrando e saindo da empresa, somando um valor de despesa total. A renda total mensal aumenta de janeiro a dezembro. Essa empresa em particular negocia sazonalmente porque as receitas das lojas ficam reduzidas em fevereiro e agosto, nos períodos após o Natal e nas promoções de verão. Nós podemos ver em Despesas: Compras – 30 dias (0%) que o pagamento da conta dos credores de £61.833 aconteceu em fevereiro, resultando em um déficit no final do mês. A facilidade do cheque especial é utilizada para suportar o fluxo de caixa. À medida que os credores são pagos ao longo do ano, vemos os números aumentarem novamente.

Figura 10.1 Conta de Lucros e Perdas Previstos

Conta de lucros e perdas		Jan	%	Jan	Fev	Mar	Abr	Mai	Jun
Preço de venda original, incluindo IVA	A	326.429		80.000	35.000	45.000	45.000	50.000	71.429
Reduções, incluindo IVA		61.429		40.000	0	0	0	0	21.429
Reduções (%)		50,00%		50,00%	0,00%	0,00%	0,00%	0,00%	30,00%
Vendas líquidas totais, incluindo IVA (SPTI)		265.000		40.000	35.000	45.000	45.000	50.000	50.000
Preço de venda original, sem IVA	B	272.024		66.667	29.167	37.500	37.500	41.667	59.524
Reduções, excluindo IVA		51.190		33.333	0	0	0	0	17.857
Reduções (%)		50,00%		50,00%	0,00%	0,00%	0,00%	0,00%	30,00%
Vendas líquidas totais, excluindo IVA (SPTE)	**C**	**220.833**	**100,0**	**33.333**	**29.167**	**37.500**	**37.500**	**41.667**	**41.667**
Estoque inicial		0	0,0	0	37.500	37.500	37.500	37.500	37.500
Compras	D	137.637	55,0	61.833	10.792	13.875	13.875	15.417	21.845
Transferências de/para outros setores de atividade		0	0,0	0	0	0	0	0	0
Custo das mercadorias vendidas		0	0,0						
Direitos		0	0,0	0	0	0	0	0	0
Frete de importação		0	0,0	0	0	0	0	0	0
Custo das mercadorias vendidas	**E**	**97.929**	**45,0**	**24.000**	**10.500**	**13.500**	**13.500**	**15.000**	**21.429**
Disponibilização/encolhimento de estoque	F	2.208	1,0	333	292	375	375	417	417
Estoque final	G	37.500	9,0	37.500	37.500	37.500	37.500	37.500	37.500
Primeira margem bruta	**H**	**120.696**	**54,0**	**9.000**	**18.375**	**23.625**	**23.625**	**26.250**	**19.821**

Figura 10.1 (Continuação)

Conta de lucros e perdas		Jan	%	Jan	Fev	Mar	Abr	Mai	Jun
Aluguel – Base		17.500	8,4	2.917	2.917	2.917	2.917	2.917	2.917
Aluguel – Volume de negócios		0	0,0	0	0	0	0	0	0
Aluguel – Contribuição/período livre		–5.833	–1,4	–2.917	–2.917	0	0	0	0
Taxas de negócio		8.225	3,9	1.371	1.371	1.371	1.371	1.371	1.371
Taxas de água		125	0,1	21	21	21	21	21	21
Taxas de serviço		300	0,1	50	50	50	50	50	50
Luz e aquecimento		3.000	1,4	500	500	500	500	500	500
Manutenção/reparações – Edifício		600	0,3	100	100	100	100	100	100
Segurança		1.000	0,5	167	167	167	167	167	167
Proprietários/seguro de construção		1.200	0,6	200	200	200	200	200	200
Total de despesas gerais fixas	I	26.117	13,9	2.408	2.408	5.325	5.325	5.325	5.325
Segunda margem bruta	**J**	**94.580**	**40,1**	**6.592**	**15.967**	**18.300**	**18.300**	**20.925**	**14.496**
Salários e pensões		25.000	12,0	4.167	4.167	4.167	4.167	4.167	4.167
Seguro nacional		3.200	1,5	533	533	533	533	533	533
Material do ponto de venda		0	0,0	0	0	0	0	0	0
Marketing/Relações Públicas		5.000	2,4	833	833	833	833	833	833
Telefone/fax		1.500	0,7	250	250	250	250	250	250
Site/internet/e-mail		0	0,0	0	0	0	0	0	0
Custos de distribuição/logística		0	0,0	0	0	0	0	0	0
Impressão/papelaria		200	0,1	33	33	33	33	33	33
Suprimentos		2.500	1,2	417	417	417	417	417	417

Envio/transporte		500	0,2	83	83	83	83	83	83
Assinaturas		0	0,0	0	0	0	0	0	0
Custos profissionais		1.350	0,6	225	225	225	225	225	225
Consultoria – Contabilidade		500	0,2	83	83	83	83	83	83
Consultoria – Outros		0	0,0	0	0	0	0	0	0
Formação de pessoal/recrutamento de pessoal		0	0,0	0	0	0	0	0	0
Auditoria/tributação		500	0,2	83	83	83	83	83	83
Despesas de viagem de automóvel		1.250	0,6	208	208	208	208	208	208
Entretenimento		0	0,0	0	0	0	0	0	0
Limpeza		250	0,1	42	42	42	42	42	42
Bem-estar da equipe		300	0,1	50	50	50	50	50	50
Reparações – Produto		1.200	0,6	200	200	200	200	200	200
Despesas diversas		0	0,0	0	0	0	0	0	0
Receitas diversas		0	0,0	0	0	0	0	0	0
Custos de locação		0	0,0	0	0	0	0	0	0
Encargos bancários		0	0,0	0	0	0	0	0	0
Juros a pagar		0	0,0	0	0	0	0	0	0
Juros a receber		0	0,0	0	0	0	0	0	0
Débitos de cartão de crédito		3.975	1,8	600	525	675	675	750	750
Descontos permitidos/ diferenças no caixa		120	0,1	20	20	20	20	20	20
Desvios de taxa de câmbio		0	0,0	0	0	0	0	0	0
Depreciação/amortização		6.250	3,0	1.042	1.042	1.042	1.042	1.042	1.042
Total de despesas gerais variáveis	**K**	53.595	25,6	8.870	8.795	8.945	8.945	9.020	9.020
Lucros/(perdas) antes do imposto de corporação	**L**	**40.985**	**14,4**	**-2.278**	**7.172**	**9.355**	**9.355**	**11.905**	**5.476**
Imposto sobre o rendimento da corporação		0	2,9						
Lucros/(perdas) depois de impostos de corporação		**40.985**	**11,6**	**-2.278**	**7.172**	**9.355**	**9.355**	**11.905**	**5.476**

Figura 10.1 (Continuação)

Conta de lucros e perdas		Jan	%	Jan	Fev	Mar	Abr	Mai	Jun
GP real % vendas líquidas totais SPTE (após m/d)		28,00		28,00	64,00	64,00	64,00	64,00	48,57
GP % do preço de venda original SPTI		70,00		70,00	70,00	70,00	70,00	70,00	70,00
GP real % preço de venda original SPTE		64,00		64,00	64,00	64,00	64,00	64,00	64,00
Preço de venda original, incluindo IVA (A) a 20%		326.429		Primeira margem bruta (H)					120.696
Dividido por 1,2		1,2		Menos total despesas gerais fixas (I)				–	26.117
Igual ao preço de venda original, excluindo IVA (B)	=	272.024		Igual à segunda margem bruta (J)				=	94.580
Custo das mercadorias vendidas (E)		97.929		Segunda margem bruta (J)					94.580
Mais provisão/encolhimento de estoque (F)	+	2.208		Menos total de despesas gerais variáveis (K)				–	53.595
Mais estoque final (G)	+	37.500							
Igual às compras (D)	=	137.637		lucros/(perdas) antes do Imposto de corporação (L)				=	40.985
O total das vendas líquidas, excluindo o IVA (C) é de		220.833							
Menos o custo das mercadorias vendidas (E)	–	97.929							
Menos provisão/encolhimento de estoque (F)	–	2.208							
Igual à primeira margem bruta (H)	=	120.696							

Figura 10.2 Previsão de Balanço Patrimonial

Balanço patrimonial		**31 Dez**	**31 Jan**	**28 Fev**	**31 Mar**	**30 Abr**	**31 Mai**	**30 Jun**
Instalações e acessórios – Adições		0	50.000	0	0	0	0	0
Instalações e acessórios – Depreciação			1.042	1.042	1.042	1.042	1.042	1.042
Ativos permanentes	**A**	**0**	**48.958**	**47.917**	**46.875**	**45.833**	**44.792**	**43.750**
Estoque		0	37.500	37.500	37.500	37.500	37.500	37.500
Devedores – Receitas de lojas		0	2.000	1.750	2.250	2.250	2.500	2.500
Devedores – Outros		0						
Depósitos/garantias de aluguel		0	0	0	0	0	0	0
IVA		0	3.915	0	0	0	0	0
Imposto sobre o rendimento da corporação		0						
Dinheiro em caixa		0	0	0	0	0	0	0
Dinheiro no banco		0	0	0	0	0	0	0
Pagamentos antecipados		0	0	0	0	0	0	0
Ativo a curto prazo	**B**	**0**	**43.415**	**39.250**	**39.750**	**39.750**	**40.000**	**40.000**
Ativos correntes líquidos	**C**	**0**	**–51.136**	**–42.923**	**–32.527**	**–22.130**	**–9.183**	**–2.665**
Fornecedores – Ações		0	61.833	10.792	13.875	13.875	15.417	21.845
Credores comerciais – Rendas		0	0	0	–7.000	–3.500	–0	–7.000
Fornecedores – Custos de estrutura		0	2.930	2.990	2.870	2.930	2.990	2.870
Empréstimo 1		0	0	0	0	0	0	0
Empréstimo 2		0	0	0	0	0	0	0
Empréstimo 3		0	0	0	0	0	0	0

Figura 10.2 (Continuação)

Balanço patrimonial		31 Dez	31 Jan	28 Fev	31 Mar	30 Abr	31 Mai	30 Jun
PAYE e Seguro Nacional		0	1.532	1.532	1.532	1.532	1.532	1.532
IVA		0	0	1.337	7.672	6.335	13.503	20.672
Imposto sobre o rendimento da corporação		0	0	0	0	0	0	0
Cheque especial		0	28.256	65.523	53.328	40.708	15.741	2.746
Acréscimos de custos		0						
Passivo circulante	**D**	**0**	**94.551**	**82.173**	**72.277**	**61.880**	**49.183**	**42.665**
Total do ativo menos passivo	**E**	**0**	**–2.178**	**4.993**	**14.348**	**23.703**	**35.608**	**41.085**
Capital social		0	100	100	100	100	100	100
Reservas transitadas		0	0	0	0	0	0	0
Lucro do exercício		0	–2.278	4.893	14.248	23.603	35.508	40.985
Patrimônio líquido	**F**	**0**	**–2.178**	**4.993**	**14.348**	**23.703**	**35.608**	**41.085**

Usando valores de 31 de jan:

Ativo permanente (A) = £50.000 menos depreciação £1.042 = £48.958
Ativo a curto prazo (B) = £43.415 (somando estoque a pré-pagamentos)
Passivo circulante (D) = £94.551 (somatório dos fornecedores – ações a acréscimos de custos)
Ativo corrente líquido (C) = £-51.136 (Ativo corrente (B) £43.415 menos passivo circulante (D) £94.551)
Total do ativo menos passivo (E) = £-2.178 (ativo corrente líquido (C) £-51.136 mais ativo fixo (A) £48.958)
Capital próprio (capital acionário mais reservas antecipadas mais lucro do exercício) = (F) £-2.178

Figura 10.3 Previsão de fluxo de caixa

Previsão de fluxo de caixa		**B/Fwd**	**Jan**	**Feb**	**Mar**	**Apr**	**May**	**Jun**
Rendimentos								
	Recibos de compras – mesmo mês		38.000	33.250	42.750	42.750	47.500	47.500
	Recibos da loja – mês seguinte		0	2.000	1.750	2.250	2.250	2.500
	Capital social		100					
	Empréstimo 1							
	Empréstimo 2							
	Empréstimo 3							
	Renda total	**A**	38.100	35.250	44.500	45.000	49.750	50.000
Despesas								
Excl. IVA	Compras – 7 dias (100%)		0	0	0	0	0	0
Excl. IVA	Compras – 30 dias (0%)			61.833	10.792	13.875	13.875	15.417
Excl. IVA	Compras – 60 dias (0%)				0	0	0	0
Excl. IVA	Compras – descontos		0	0	0	0	0	0
Excl. IVA	Direitos		0	0	0	0	0	0
Excl. IVA	Frete de importação		0	0	0	0	0	0
Incl. IVA	Aluguel – base		7.000		10.500			10.500
Incl. IVA	Aluguel – volume de negócios			0	0	0	0	0
Incl. IVA	Aluguel – contribuição / período livre		–7.000		0			0
Sem IVA	Taxas de negócio		1.371	1.371	1.371	1.371	1.371	1.371
Sem IVA	Taxas de água		21	21	21	21	21	21
Incl. IVA	Taxas de serviço				180			180
Incl. IVA	Luz e aquecimento			600	600	600	600	600

Figura 10.3 (Continuação)

Previsão de fluxo de caixa		B/Fwd	Jan	Fev	Mar	Abr	Mai	Jun
Incl. IVA	Manutenção/reparos – edifício			120	120	120	120	120
Incl. IVA	Segurança			200	200	200	200	200
Sem IVA	Senhorio/seguro de construção		200	200	200	200	200	200
Sem IVA	Salários e pensões		3.168	3.168	3.168	3.168	3.168	3.168
Sem IVA	Seguro Nacional							
Incl. IVA	Material de ponto de venda			0	0	0	0	0
Incl. IVA	Marketing/Relações Públicas			1.000	1.000	1.000	1.000	1.000
Incl. IVA	Telefone/fax			300	300	300	300	300
Incl. IVA	site/internet/e-mail			0	0	0	0	0
Incl. IVA	Distribuição/custos logísticos			0	0	0	0	0
Incl. IVA	Impressão/papelaria		40	40	40	40	40	40
Incl. IVA	Suprimentos			500	500	500	500	500
Sem IVA	Postagem/correios		83	83	83	83	83	83
Incl. IVA	Assinaturas			0	0	0	0	0
Incl. IVA	Custos profissionais		270	270	270	270	270	270
Sem IVA	Consultoria – Contabilidade		83	83	83	83	83	83
Incl. IVA	Consultoria – Outros			0	0	0	0	0
Incl. IVA	Formação e recrutamento de pessoal			0	0	0	0	0
Incl. IVA	Auditoria/Tributação			100	100	100	100	100
Incl. IVA	Despesas de viagem/motorização		250	250	250	250	250	250
Sem IVA	Entretenimento		0	0	0	0	0	0
Incl. IVA	Limpeza			50	50	50	50	50
Sem IVA	Bem-estar da equipe		50	50	50	50	50	50
Sem IVA	Reparos – Produto		200	200	200	200	200	200
Incl. IVA	Despesas diversas			0	0	0	0	0

Sem IVA	Receitas diversas								
Incl. IVA	Custos de locação				0	0	0	0	0
Sem IVA	Encargos bancários			0	0	0	0	0	0
Sem IVA	Juros a pagar			0	0	0	0	0	0
Sem IVA	Juros a receber			0	0	0	0	0	0
Sem IVA	Débitos de cartão de crédito			600	525	675	675	750	750
Sem IVA	Descontos permitidos/diferenças do caixa			20	20	20	20	20	20
Sem IVA	Desvios de taxa de câmbio			0	0	0	0	0	0
Incl. IVA	Despesa de capital			60.000	0	0	0	0	0
Sem IVA	Imposto sobre o rendimento das sociedades			0	0	0	0	0	0
	PAYE				1.532	1.532	1.532	1.532	1.532
	Depósito de renda								
	Flutuação no caixa/dinheiro em caixa								
	Empréstimo 1								
	Empréstimo 2								
	Empréstimo 3								
	Declaração de IVA			0	0	0	7.672	0	0
	Despesas totais	**B**		66.356	72.517	32.305	32.380	24.783	37.005
	Mensal – Dinheiro em caixa/ (Cheque especial)	**C**		–28.256	–37.267	12.195	12.620	24.967	12.995
	Acumulado – Dinheiro em caixa/ (Cheque especial)	**D**	0	–28.256	–65.523	–53.328	–40.708	–15.741	–2.746

Usando valores de fev.:

			Dinheiro em caixa/(descoberto) mensal (C)
Rendimento total (A)		35.250	Mais dinheiro em caixa/(descoberto) cumulativo
Menos despesa total (B)	–	72.517	do mês anterior – Jan (D)
Igual ao dinheiro em caixa/(descoberto) mensal (C)	=	–37.267	Igual ao dinheiro em caixa/(descoberto) do atual mês (D)

ESTUDO DE CASO EMMA J. SHIPLEY

Emma J. Shipley é um exemplo maravilhoso de como criar uma ideia, apresentar uma visão, explorar suas habilidades e executá-la. Shipley lançou sua marca na London Fashion Week, em 2012, depois de se formar no Royal College of Art em Londres. Ela teve a confiança e a coragem de começar um negócio em vez de trabalhar para outra pessoa. Seguiu sensatamente os processos que explicamos anteriormente neste capítulo e não se precipitou, o que muitas vezes força as startups a recuarem.

Sua primeira tarefa foi colocar em prática projeções financeiras juntamente com um plano de negócios, e para isso ela recebeu a ajuda de seu pai. Como uma premiada artista gráfica e designer especializada em *fine drawing*, Shipley percebeu um espaço no mercado para seu estilo único e o assunto que ela pretendia focar. Inspirou-se em padrões da natureza, com um toque surreal e mágico. Essa é a sua proposta de venda única.

Shipley lançou sua marca, focando primeiro em lenços estampados de luxo. Eles chamaram a atenção da Liberty of London – e essa foi a sua oportunidade. Logo passou para a famosa boutique Browns, de Londres. A estratégia de Shipley incluiu um esforço para fazer parcerias com marcas famosas, como a Disney Company. Ela percebeu que poderia alavancar sua habilidade artística, essencialmente licenciando-a, em vez de investir grandes somas na fabricação própria. Essa foi uma abordagem muito inteligente para uma startup e logo levou a outras colaborações, mais recentemente, papel de parede e tecidos para decoração.

Emma J. Shipley cria designs verdadeiramente originais que a distinguem dos seus concorrentes. Ela começou seu negócio da maneira certa: teve uma visão para explorar suas habilidades, estudou o mercado, viu uma lacuna, desenvolveu um plano financeiro, começou lentamente, manteve sua disciplina de design, comercializou-se com uma brilhante estratégia de mídia social e ouviu atentamente seus conselheiros mais próximos.

Checklist do plano de negócios

CONTEÚDO EXECUTIVO

- ▯ Intenção de negócio – uma descrição do que o seu negócio vai fazer.
- ▯ Dados da empresa – nome da empresa registrada e dados de contato.
- ▯ Detalhes do proprietário da empresa e da equipe (incluir função e salário de cada indivíduo).

VISÃO

- ▯ A ideia do negócio (o que você quer alcançar).
- ▯ Identidade de marca (incluir a experiência que pretende criar, como pretende prestar um serviço fantástico e a sua especialidade única).
- ▯ Diferenciação empresarial (concorrência).
- ▯ Metas comerciais (incluir plano trienal).
- ▯ Meça o tamanho do mercado e identifique o potencial da sua cota de mercado.
- ▯ Mostre ser um especialista na sua área de atuação, mas com uma mentalidade "iniciante".

MARKETING

- ▯ Pesquisa de mercado (tendências e demanda por seu produto ou serviço).
- ▯ Perfis e comportamento dos clientes (quem são e como compram?).
- ▯ Concorrentes (identificar pontos fortes e fracos – locais, pequenos, grandes, online).
- ▯ Riscos de mercado (riscos identificados e solução necessária).
- ▯ Preços (considere quanto os clientes estão preparados para pagar e compare com a concorrência).
- ▯ Reconheça e compreenda o seu potencial de crescimento.
- ▯ Promoções e eventos (como e onde você vai promover o seu produto ou serviço?).

OPERAÇÃO DA EMPRESA

- Custos com pessoas (se pretende empregar).
- Instalações e custos de ocupação.
- Fornecedores (fornecedores-chave e suas condições de crédito).
- Equipamentos (equipamentos e recursos necessários para operar).
- Riscos operacionais (riscos identificados e soluções articuladas).

FINANÇAS

- Custos de startup.
- *Sourcing* financeiro.
- Riscos financeiros (riscos identificados e impactos minimizados).
- Previsão de lucros e perdas.
- Balanço patrimonial.
- Previsão de fluxo de caixa.

11

Guia simples de vendas, estoque e lucro

Pontos-chave

Pesquise o seu mercado e o seu potencial

Observe a importância de equilibrar as vendas com os custos

Use os dados para ficar de olho no resultado final

Pesquise o mercado para formular suas hipóteses e projeções

Colete todos os dados possíveis que o tornarão um especialista em sua área e mais consciente dos clientes para os quais pretende vender. Você deve buscar constantemente se informar melhor sobre como seu público se comporta, o que o empolga e como pode reagir aos seus produtos ou serviços. Usando pesquisas de mercado disponíveis, como a fornecida pelo Oxford College of Marketing, você também será capaz de identificar e crescer confiante de que o mercado-alvo demográfico em que está se concentrando é realmente aquele grupo que acredita que vai precisar e desejar o produto ou serviço que você está trazendo para o mercado.

Para ajudar a compreender o mercado e o cliente que está procurando, você deve fazer as seguintes perguntas a si mesmo:

- Seu negócio aborda qual necessidade do mercado?
- Quais produtos atendem a essa necessidade?
- Onde os seus potenciais clientes compram agora?

- Qual grupo demográfico você está segmentando para esse serviço ou produto?
- Em qual faixa de preço eles estão preparados para comprar?
- Quem são os seus principais concorrentes?
- O seu negócio ou produto é algo novo e moderno com um ponto de venda exclusivo?
- Existem fatores incontroláveis que podem ter um impacto nas decisões dos clientes (recessão, mudança de tendências, Brexit) que você deva considerar em seus planos?
- Você calculou o potencial de crescimento e demanda em seu setor de escolha?

As projeções devem ser baseadas em hipóteses firmes após uma pesquisa feita no mercado para o qual você pretende vender. Quatro fatores nos quais basear suas suposições de vendas são:

- A relevância dos produtos que está vendendo.
- O grupo de clientes específico que pretende atingir.
- As faixas de preço em que escolhe vender seus produtos.
- Os recursos que você planeja usar para vender efetivamente.

As previsões de vendas para sua startup devem se basear, como já dissemos, não apenas numa investigação muito cuidadosa, mas também no seu melhor entendimento de como espera que o seu negócio funcione. Iniciar um negócio é empolgante e arriscado, mas isso não significa que a pesquisa forense e a devida diligência no mercado devam ser encobertas. Uma vez iniciado o negócio, analise as vendas semana após semana, mês após mês e acredite no que os números e estatísticas lhe dizem.

Métricas-chave

As principais métricas a seguir lhe dirão tudo o que você precisa saber sobre a saúde financeira, ou a falta dela, em seu negócio. Essas métricas não medem sua visão, ações compradas, lugar no mercado em que optou por se estabelecer ou se a negociação em uma loja física ou online foram as escolhas corretas. É uma combinação de estratégia e tática. Essas métricas antecipam se o caminho que você adotou está se movendo em uma direção lucrativa.

Principais métricas

- Vendas e lucro brutos
- Custos indiretos fixos
- Despesas variáveis
- Despesa de capital
- Depreciação
- Dinheiro

Vendas e lucro brutos

O lucro bruto é também conhecido como "margem bruta" e "rendimento bruto". É a quantidade de dinheiro que sobra da receita de vendas após o pagamento do iva ou do imposto sobre vendas. Após deduzir o custo de vendas, o custo do produto ou serviço que você está vendendo, o que resta é a soma que a empresa possui para administrar o negócio. Todos os gastos e despesas gerais serão deduzidos desse valor.

O preço será uma das maiores decisões a tomar – e o lucro bruto será o principal fator financeiro a contribuir para o sucesso ou fracasso do seu negócio. A maioria dos sistemas de controle de estoque monitoram o lucro bruto, mas as planilhas podem ser facilmente configuradas para fornecer as mesmas informações. A análise do lucro bruto é a forma mais simples e precisa verificar se as vendas estão sendo feitas ao preço ideal para manter a sua competitividade e o seu negócio rentável.

O exemplo de cálculo da margem bruta de lucro na figura 11.1 mostra como a margem bruta de lucro, gpm (do inglês, *gross profit margin*) é calculada. É possível ver que, se o preço de custo (isto é, o preço pago para produzir os produtos e serviços que estão sendo vendidos) permanecer estático, uma variação de preço de venda final produz uma margem diferente. Manter um bom relacionamento com os fornecedores pode oferecer oportunidades de compra de bens, em determinados períodos do ano, a um preço inferior ao preço de custo original.

Figura 11.1 Exemplo de diferentes cálculos da margem bruta de lucro

Preço de venda a varejo incluindo IVA	£50,00	£55,00	£60,00	£65,00	£70,00
Menos IVA a 20% sobre o preço de venda a varejo, excluindo IVA	(£8,34)	(£9,17)	(£10,00)	(£10,84)	(£11,67)
Preço de venda a varejo excluindo IVA	£41,67	£45,83	£50,00	£54,16	£58,33
Preço de custo	£12,50	£12,50	£12,50	£12,50	£12,50
Margem bruta/lucro	£29,17	£33,33	£37,50	£41,66	£45,83
Margem bruta/lucro %	70,00%	72,73%	75,00%	76,92%	78,57%
Preço de venda a varejo sem IVA	£100.000	£100.000	£100.000	£100.000	£100.000
Margem bruta/lucro %	70,00%	72,73%	75,00%	76,92%	78,57%
Margem bruta/lucro	£69.999	£72.726	£74.999	£76.922	£78.571

Isso adicionará pontos valiosos à sua margem. Lembre-se de que os movimentos descendentes do gpm, como reduções de venda, por exemplo, produzirão um efeito dramático nos seus resultados financeiros.

Planilhas de exemplo

As planilhas de exemplo e a metodologia que aparecem neste capítulo podem ser adaptadas especificamente para o seu negócio. Use a metodologia de suporte de cada planilha como um guia para aplicar ao seu modelo de negócios.

Para fazer o download das planilhas completas em um formato que você mesmo pode usar, acesse www.koganpage.com/retail-startup.

Custos indiretos fixos e despesas variáveis

Existem dois tipos de despesas gerais para qualquer negócio: fixas e variáveis. Os custos indiretos fixos não mudarão com qualquer flutuação em suas vendas, mas suas despesas variáveis sim. Os custos indiretos fixos são aqueles que você precisa pagar mesmo que não venda – isso inclui aluguel, se você operar em uma loja, impostos, taxas de serviço, luz, aquecimento, energia, manutenção de edifícios, empréstimos e assim por diante. Você deve sempre manter as suas despesas gerais fixas a um nível mínimo, caso o volume de negócios diminua.

Referir-se aos custos indiretos como fixos sugere que o usuário não tem controle, mas, na verdade, ele tem algum controle. Ser transparente com seu senhorio e a autoridade local é a melhor maneira de operar e significa que você pode discutir os custos de aluguel e tarifas. Sempre explique as razões caso ache que os custos combinados possam levá-lo à falência. Nunca aceite uma renovação do aluguel sem negociação. Nós recomendamos fortemente que, se estiver prevendo um aumento no aluguel e se as vendas não estiverem boas, envie ao seu locatário suas contas mensais três meses antes da data de revisão do aluguel. Além disso, vale a pena negociar regularmente os custos de luz, aquecimento, energia e água, e sempre negocie com as seguradoras no momento da renovação. Em muitos casos, pelo fato de o mercado ser muito competitivo, você vai conseguir uma redução. Se não, procure outras empresas.

As despesas variáveis incluem custos com pessoas – e essa será uma das suas maiores despesas gerais. Além dos salários, você também terá o custo do Seguro Nacional, no Reino Unido, contribuições de pensão e bem-estar. Portanto, gerir os custos variáveis significa gerir as pessoas que emprega; isso inclui considerar o emprego de meio-período (especialmente se o seu padrão de rotatividade for sazonal). Para além dos custos fixos mencionados anteriormente, as pessoas serão a maior despesa. Por isso, sugerimos que defina uma porcentagem dos custos com equipe para as vendas na conta p&l e tente cumpri-la. Se essa porcentagem subir, será evidente e você precisará agir.

Custos variáveis significam que você tem controle total sobre o que gasta. Quer se trate de equipe, marketing, relações públicas, otimização de motores de busca, custos de site, material de ponto de venda, viagens, entretenimento ou custos profissionais, é importante que você considere cada centavo gasto. O exemplo de despesas gerais na figura 11.2 mostra uma série de despesas gerais fixas e variáveis. As categorias de custos indiretos serão diferentes de negócio para negócio, então estude cuidadosamente a divisão entre fixo e variável. O total desses dois gastos gerais é deduzido do lucro bruto para revelar o lucro líquido do negócio antes da dedução do imposto sobre as sociedades, caso seja devido.

Figura 11.2 Exemplo de despesas fixas e variáveis

Conta de lucros e perdas		Total	Jan	Fev	Mar	Abr	Mai	Jun
Aluguel – base		17.500	2.917	2.917	2.917	2.917	2.917	2.917
Aluguel – volume de negócios		0	0	0	0	0	0	0
Aluguel – contribuição/período livre		–5.833	–2.917	–2.917	0	0	0	0
Taxas de negócio		8.225	1.371	1.371	1.371	1.371	1.371	1.371
Taxas de água		125	21	21	21	21	21	21
Taxas de serviço		300	50	50	50	50	50	50
Luz e aquecimento		3.000	500	500	500	500	500	500
Manutenção/reparos – edifício		600	100	100	100	100	100	100
Segurança		1.000	167	167	167	167	167	167
Proprietários/seguro de construção		1.200	200	200	200	200	200	200
Custos indiretos fixos totais	A	26.117	2.408	2.408	5.325	5.325	5.325	5.325
Salários e pensões		25.000	4.167	4.167	4.167	4.167	4.167	4.167
Seguro Nacional		3.200	533	533	533	533	533	533
Material do ponto de venda		0	0	0	0	0	0	0
Marketing/Relações Públicas		5.000	833	833	833	833	833	833
Telefone/fax		1.500	250	250	250	250	250	250
Site/internet/e-mail		0	0	0	0	0	0	0
Custos de distribuição/logística		0	0	0	0	0	0	0
Impressão/papelaria		200	33	33	33	33	33	33
Suprimentos		2.500	417	417	417	417	417	417
Envio/transporte		500	83	83	83	83	83	83
Assinaturas		0	0	0	0	0	0	0
Custos profissionais		1.350	225	225	225	225	225	225

Consultoria – contabilidade		500	83	83	83	83	83	83
Consultoria – outros		0	0	0	0	0	0	0
Formação /recrutamento de equipe		0	0	0	0	0	0	0
Auditoria/tributação		500	83	83	83	83	83	83
Despesas de viagem de automóvel		1.250	208	208	208	208	208	208
Entretenimento		0	0	0	0	0	0	0
Limpeza		250	42	42	42	42	42	42
Bem-estar da equipe		300	50	50	50	50	50	50
Reparos – produto		1.200	200	200	200	200	200	200
Despesas diversas		0	0	0	0	0	0	0
Receitas diversas		0	0	0	0	0	0	0
Custos de locação		0	0	0	0	0	0	0
Encargos bancários		0	0	0	0	0	0	0
Juros a pagar		0	0	0	0	0	0	0
Juros a receber		0	0	0	0	0	0	0
Débitos de cartão de crédito		3.975	600	525	675	675	750	750
Descontos permitidos/diferenças no caixa		120	20	20	20	20	20	20
Desvios de taxa de câmbio		0	0	0	0	0	0	0
Depreciação/amortização		6.250	1.042	1.042	1.042	1.042	1.042	1.042
Custos indiretos variáveis totais	**B**	53.595	8.870	8.795	8.945	8.945	9.020	9.020

Esta planilha mostra os numerosos elementos que constituirão suas despesas indiretas fixas e variáveis.

O total de todos os elementos de custos indiretos fixos é mostrado em custos indiretos fixos totais (A).

O total de todos os elementos de despesas variáveis é mostrado em custos indiretos variáveis totais (B).

Exemplo:

Aluguel – base		17.500
Dividido por 6 (meses)		6
gerando uma despesa mensal de	=	2.917

O resultado líquido do negócio antes dos impostos é o chamado *bottom line*, ou saldo. Esse resultado, em margem positiva, é tudo pelo qual você está trabalhando e a razão pela qual está fazendo negócios. É o fator mais importante e fundamental que demonstra, em preto e branco, que seus esforços e visão valeram a pena. Embora seja a quantia total que você ganhou (ou perdeu) durante um período específico, queremos enfatizar a importância de manter seu documento de fluxo de caixa, pois é esse documento que lhe dá um aviso explícito de possíveis problemas futuros, para que você possa reagir. Uma empresa de varejo pode estar em perda por dez meses do ano e só se tornar lucrativa no último momento, normalmente durante o período de Natal. Um bom varejista trabalhará arduamente para, pelo menos, converter os meses deficitários em uma posição de equilíbrio. Só então você verá um *bottom line* do qual se orgulhará!

Despesa de capital

A despesa de capital, ou *capex*, é a compra de ativos como propriedades, obras de construção, instalações e equipamentos, computadores e objetos de escritório. A despesa é capitalizada e apresentada no balanço patrimonial como um ativo fixo e normalmente reduzido, também chamado de depreciado ou amortizado, durante a vida útil do ativo. Por exemplo, você pode construir um interior de loja (com um arrendamento de dez anos), por £50 mil. Você provavelmente depreciaria ou amortizaria esse custo ao longo de dez anos, considerando £5 mil por ano na conta de lucros e perdas. Isso irá reduzir os lucros, mas também diminuirá o imposto sobre as sociedades. É importante notar que, embora a taxa de lucro e perda seja de apenas £5 mil por ano, o custo inicial de £50 mil irá reduzir a sua disponibilidade de dinheiro no início. É possível considerar um financiamento separado para a compra de ativos fixos para não esticar o capital de giro do negócio. O *lease finance* é uma forma popular de financiamento, e todos os bancos internacionais têm um parceiro de *lease finance*. Você deve aderir estritamente ao seu orçamento de investimento e não gastar mais do que alocou – essas somas têm um grande impacto no fluxo de caixa. Sempre que você gastar uma grande soma em uma reforma de uma loja, obras de construção necessárias, desenvolvimento de um site transacional ou estoque, certifique-se de que há um contrato vinculativo entre você e o fornecedor/contratante. Insira uma multa por atraso na conclusão das obras e entenda que as entregas atrasadas podem ser canceladas por você. Um lançamento atrasado significará vendas perdidas, que não podem ser recuperadas. Antes de assinar as ordens de compra, pergunte aos fabricantes se eles estariam dispostos a fornecer o produto durante um período acordado (somente se for conveniente para você, é claro). A maioria dos fabricantes está muito disposta a fornecer produtos, e isso o ajuda a espalhar os seus pagamentos também.

Depreciação

O termo "depreciação" é usado para representar uma redução no valor de um ativo ao longo de sua vida útil, especialmente devido ao "desgaste". A depreciação ocorre quando uma substituição está disponível e tem mais vantagens sobre um ativo atual. Por exemplo, a depreciação pode ser aplicada a computadores, máquinas, equipamentos, luminárias, manequins de vitrine, mas não ao estoque. Esses ativos podem ser depreciados ao longo de um período de tempo, normalmente três anos. Depreciar esses ativos é vital para o bem-estar financeiro da sua empresa. Se você investiu, digamos, £9 mil em uma variedade de ativos, depreciá-los em três anos significa que a cada ano o negócio irá deduzir £3mil do seu lucro ou adicionar às suas perdas.* Após três anos, se esses ativos "amortizados" continuarem tendo uma vida útil e não precisarem ser substituídos, a empresa terá reduzido os seus custos operacionais, uma vez que esses ativos já não precisam ser contabilizados na demonstração de resultados. Depreciar durante um curto período é conservador e sensato. (*Em seus primeiros anos, se uma empresa sofre perdas – não é incomum – elas podem ser usadas para reduzir o imposto sobre as sociedades quando a empresa começa a operar lucrativamente.)

O exemplo de planilha na figura 11.3 demonstra como manter um registro de seus ativos fixos e como calcular sua taxa de depreciação. O exemplo mostra que o equipamento de informática/de escritório está sendo amortizado ao longo de três anos a contar do mês da compra, e o equipamento das lojas ao longo de dez anos. Existem várias maneiras e taxas variáveis para depreciar os seus ativos, por isso é aconselhável conversar com o seu contador/auditor. Certifique-se de que compreende o que está sendo feito em seu nome. Quando um ativo fixo é adquirido, espera-se que tenha uma vida útil que abranja vários períodos contábeis.

Figura 11.3 Exemplo de um plano de depreciação/amortização

Conta nominal:
Equipamento de informática/de escritório
Período de depreciação: 3 anos – 33,33% ao ano

Data	Detalhe		Adições/ Alienações	Depreciação antecipada	Jan	Fev	Depreciação Mar	Abr	Mai	Jun
01.01.11	Computador	**A**	449,00	0,00	12,47	12,47	12,47	12,47	12,47	12,47
05.03.11	Máquina de fax	**B**	149,00	0,00			4,14	4.14	4,14	4,14
06.06.11	Secretária	**C**	580,00	0,00						16,11
		D	**1.178,00**	0,00	12,47	12,47	16,61	16,61	16,61	32,72

Conta nominal:
Instalações e acessórios
Período de depreciação: 10 anos – 10% ao ano

Data	Detalhe		Adições/ Alienações	Depreciação antecipada	Jan	Fev	Depreciação Mar	Abr	Mai	Jun
01.01.11	Compra de equipamento	**E**	50.000,00	0,00	416,67	416,67	416,67	416,67	416,67	416,67
05.01.11	Alarmes	**F**	1.200,00	0,00	10,00	10,00	10,00	10,00	10,00	10,00
04.04.11	Acessórios	**G**	5.000,00	0,00				41,67	41,67	41,67
09.09.11	Iluminação extra	**H**	2.000,00	0,00						
	Total	**I**	**58.200,00**	0,00	426,67	426,67	426,67	468,33	468,33	468,33
Total de adição – dinheiro			**59.378,00**	**Taxa de depreciação anual para P&L**					**5.865,47**	**5.865,47**

Quando um ativo fixo é adquirido, espera-se que tenha uma vida útil que abranja vários períodos contábeis. Por conseguinte, não seria adequado imputar o custo da sua aquisição a um único exercício contábil. Se isso fosse feito, o valor de lucros/perdas resultante subestimaria o desempenho desse período. Em períodos subsequentes, no entanto, os lucros seriam sobrestimados. A depreciação incide sobre o custo de um ativo ao longo da sua vida útil esperada. Ela aparecerá como uma das despesas na conta de ganhos e perdas.

As linhas A, B, C, E, F, G, e H são vários ativos comprados.
A+B+C = D
E+F+G+H = I

Exemplo 1

(A) dividido por 100 x 33,33 (3 anos, 33,33% ao ano) = £149.65 (depreciação total para 12 meses)
£149.65 dividido por 12 (ou seja, durante 12 meses) = £12.47 por mês

Exemplo 2

(E) dividido por 100 x 10 (10 anos, 10% ao ano) = £5.000 (depreciação total para 12 meses)
£5.000 dividido por 12 (ou seja, durante 12 meses) = £416.67 por mês

Essa é a abordagem correta e conservadora. Por conseguinte, não seria adequado imputar ou amortizar o custo dessa aquisição a um único exercício contábil. Se isso fosse feito, o valor de lucros/perdas resultante subestimaria o desempenho para aquele período e sobrestimaria os lucros em períodos subsequentes.

Gestão de bancos e tesouraria

Você deve abrir apenas uma conta comercial e ela não deve ser conectada de forma alguma aos seus assuntos pessoais. Se possível, e recomendamos vivamente que o faça, a conta deve ser aberta num banco diferente daquele que utiliza de maneira pessoal ou com o qual tem relações familiares. A razão para isso é que vemos muitos exemplos de bancos que recorrem a contas privadas, por engano, e confundem negócios com assuntos privados. Quando você inicia um novo empreendimento e um novo relacionamento com um banco, espere ser respeitado, ser levado a sério e ter todos os serviços que o banco pode e vai oferecer, incluindo os digitais, explicados claramente a você.

Atualmente, bancos incentivam as pequenas empresas, e você deve esperar ser ouvido com atenção quando apresentar o seu plano de negócios. Seja claro desde o início se deseja facilidades como cheque especial; e se, como resultado, for obrigado a assinar uma garantia pessoal, certifique-se de que é limitada a um valor que você pode dar ao luxo de perder. Vemos muitos casos de pessoas que contraíram segundas hipotecas ou mesmo venderam suas casas porque não limitaram a garantia pessoal no banco. No momento em que abrir uma conta, você vai acreditar que nunca excederá o cheque especial. Haverá casos em que simplesmente não conseguirá evitar essa situação devido a problemas além do seu controle. Por exemplo, um fornecedor que vai à falência logo após ter pagado uma compra, mas antes das mercadorias terem sido entregues – você precisará substituir esta mercadoria. Ou, por exemplo, ocorre um rompimento da tubulação de água e a estrada em que a sua empresa circula fica alagada – a comercialização será interrompida durante semanas e as vendas cairão. Desde que você se comunique imediatamente com o seu banco e explique claramente o que ocorreu, é provável que eles façam ajustes. Os bancos odeiam surpresas. Especialmente surpresas desagradáveis.

Você tem todo o direito de esperar uma resposta honesta, rápida e direta para a sua proposta e de não ser movido pela organização. Isso desperdiça o seu valioso tempo e vai atrasá-lo. Estamos cientes de que os gerentes de relacionamento nos bancos frequentemente mudam de cargo e, quando o fazem, muitas vezes não o informam sobre quem irá assumir o controle. Quando souber, marque uma consulta para visitar o banco e reveja tudo com a nova pessoa. É cansativo, mas vital; e você deve deixar claro desde o início que espera se conectar com o banco e ser mantido informado sobre quaisquer mudanças na gestão.

O *Internet Banking* dará total transparência ao seu gerenciamento de caixa e é o método mais barato de realizar transações bancárias. Analisar a sua conta empresarial deve ser a primeira tarefa na sua lista todos os dias, para que você saiba quem lhe pagou e quais fundos estão disponíveis para pagar as suas contas. Não importa o sucesso do seu último impulso de vendas ou o lucro obtido, nada derruba mais do que uma crise de fluxo de caixa. A fim de manter certos fundamentos de seu negócio funcionando sem problemas, configure ordens permanentes ou débitos diretos para suas contas de serviços públicos regulares e taxas de negócios que você possa parcelar em doze vezes, sem juros. Recomendamos que resista a débitos diretos ou pedidos permanentes em estoque.

As negociações abertas e honestas dos termos de crédito com os seus fornecedores de bens, senhorios, autoridades locais e empresas de energia são necessárias desde o início e precisam ser revistas constantemente à medida que o seu negócio cresce. Certifique-se de que os termos acordados são possíveis de serem alcançados, pois descobrirá que uma renegociação é muito difícil se tiver cometido algum erro – e sempre fale com seus credores caso preveja um problema. Não dê crédito, mesmo que você tenha feito verificações rigorosas na parte relevante para garantir que não haja risco de inadimplência. É raro um novo negócio dar crédito, mas isso pode ocorrer caso você nem sempre tenha tudo em estoque. Um bom cliente pode querer que você encomende um item caro ou uma seleção de itens que normalmente não estoca. Você concorda, pede os itens e então o cliente muda de ideia. Isso é embaraçoso e caro. Caso esteja preparado para fazer isso, peça 75 por cento do preço de varejo adiantado.

Questões a serem consideradas após três meses de operação

Três meses podem não parecer um período longo o suficiente para julgar como seu novo negócio está se saindo. Você provavelmente já colocou meses, até mesmo anos de trabalho, pesquisa e preparação mental antes que as portas se abrissem ou que o site fosse lançado. Você se tornou tão próximo e, com razão, tão apaixonado pelo que criou, que as esperanças e o otimismo afastaram todas as outras emoções. Como dizemos neste livro, os consumidores, atualmente, tomam decisões instantâneas e rapidamente terão feito julgamentos sobre a sua empresa. Você só receberá opiniões honestas ao ver as vendas que estão gerando em termos de dinheiro vivo.

É por isso que três meses de funcionamento é um bom período para medir a temperatura do seu negócio e olhar atentamente para todas as medidas que discutimos neste livro. A principal avaliação após esse período de operação é o dinheiro no banco. Se o seu dinheiro está onde previu que estaria, isso é excelente. O ponto-chave aqui é que você tem que entrar em uma rotina regular de monitoramento de caixa. Imagine se, em vez de estoque, a sua loja ou escritório estivesse cheia de pacotes de dinheiro. Você seria bastante sensível em relação a esse assunto. Bem, o seu estoque, junto com todo o resto, foi pago com dinheiro para tirar o negócio do papel, por isso deve ser vigiado com o mesmo cuidado. Três meses de negociação revelarão muita coisa. Desempenho de vendas, margens atingidas, consumo de estoque, custos variáveis reais, tudo comparado com as suposições do plano. O valor em dinheiro que mencionamos é a medida, mas como chegou lá é o que é mais interessante. É bem possível que você não precise fazer nada, o que é tranquilizador – e um resultado fantástico. Mas você talvez tenha que ajustar alguma coisa, e é melhor fazer isso agora do que depois de seis meses de operações. Podemos assegurar-lhe que esse tipo de monitoramento está por trás da mais poderosa das preocupações, por isso, siga as nossas sugestões.

Checklist

PRODUTOS QUE ESTÁ VENDENDO

- ▯ Você tem uma nova linha para apresentar?
- ▯ Qual foi o desempenho dos seus produtos mês após mês?
- ▯ Existem tendências emergentes que poderiam melhorar o desempenho?
- ▯ Consegue prever certas linhas que irão vender rapidamente?
- ▯ Prevê uma queda nas vendas devido à concorrência em determinados produtos?

CLIENTES PARA OS QUAIS ESTÁ VENDENDO

- ▯ Prevê um aumento do número de visitantes no local?
- ▯ Você está aumentando sua atividade de marketing e mídia social?
- ▯ Você está aumentando as promoções ou melhorando o seu *merchandising*?
- ▯ Já identificou os *hot spots* físicos e online?
- ▯ Você está ciente do valor médio de transação (ATV)?
- ▯ O ATV está crescendo ou diminuindo?
- ▯ Você está acompanhando os clientes que retornam?
- ▯ Você tem recursos suficientes para atender à demanda?

OS PREÇOS QUE PRETENDE VENDER

- ▯ Teve de reduzir alguns preços ou eles são competitivos?
- ▯ As margens estão estáveis?
- ▯ Se você tem um objetivo de margem líquida, quanta margem de lucro você precisa aplicar?
- ▯ Você tem objetivos de margem diferentes para produtos diferentes?
- ▯ Você mede a margem líquida diária/semanalmente?
- ▯ Você mede a margem líquida em todas as vendas e por grupo de produtos?
- ▯ Se o IVA for aplicável ao seu produto, você garantiu que ele fosse incluído?
- ▯ Precisa de um advogado para verificar as suas condições para suas vendas online?

O que observamos nesse checklist é um "exame de saúde" em três pontos, semelhantemente à verificação da sua frequência cardíaca após uma corrida de 10 quilômetros ou a um piloto de linha aérea passando por uma verificação antes da decolagem do voo. Você está verificando a si próprio, suas suposições e não está confiando em mais ninguém. Está dando a si mesmo a promessa de que pretende gerir o seu negócio de forma profissional, que medirá continuamente os sinais vitais e... que ficará de olho no dinheiro.

12

Seleção e gestão de sistemas e controles de varejo

Pontos-chave

Acompanhamento financeiro

Relatórios de desempenho essencial

Rotação de estoque

Examine os números bem de perto

Se você não entender completamente como o seu negócio está funcionando, não será capaz de decidir qual ação é necessária e quais devem ser as suas prioridades. Produzir informação financeira confiável irá, portanto, desempenhar um grande papel no sucesso do seu negócio, e a informação fidedigna não tem que vir de sistemas de contabilidade complexos. Inicialmente, mantenha-os simples e passe apenas para sistemas mais sofisticados à medida que o seu negócio crescer.

Se essa não é a sua área de conhecimento, esforce-se para obter apoio financeiro e conhecimentos especializados. Compreenda e monitore regularmente (diária, semanal, mensal e anualmente) os números, pois isso irá ajudá-lo a detectar e antecipar os problemas antes que eles surjam. A detecção precoce de problemas relacionados ao dinheiro permitirá que você implemente medidas rapidamente e faça alterações gradualmente em vez de drasticamente. A visibilidade total é a chave para todos os negócios bem-sucedidos. Você deve estar constantemente ciente de sua posição de caixa, se será ou não capaz de pagar as contas a tempo e se está negociando lucrativamente. Reagir tarde demais a uma tendência de desaceleração das vendas, porque não está conseguindo monitorar os principais impulsos financeiros, tornará muito difícil explicar aos fornecedores por que os pagamentos serão atrasados. Sua credibilidade sofrerá, por isso esteja atento para antecipar os problemas, mantendo-se alerta. Ao passar do planejamento para os primeiros períodos de comércio real, analise as diferenças entre os valores reais e os valores previstos no plano de negócios.

O essencial da contabilidade

A contabilidade pode ser feita interna ou externamente. Qualquer que seja a sua opção, certifique-se de que os seus dados são produzidos e analisados utilizando um bom pacote de contabilidade ou folhas de cálculo bem executadas. Não permita que os dados entrem para lista de "coisas a fazer"; limpar um *backlog* pode causar erros. Em informática, o termo *garbage in, garbage out* (gigo) indica casos em que dados incorretos ou imprecisos produzem informações incorretas ou "lixo". Essencialmente, isso significa que a qualidade do que você coloca irá determinar a qualidade do que obtém. Não permita que isso aconteça – é desnecessário dizer, mas diremos: você necessita de informações precisas para gerir o seu negócio.

O estoque ou inventário deve ser controlado por meio de um pacote comprado especificamente para esse fim ou em planilha. A escolha depende do volume e da complexidade das vendas a serem realizadas. Há muitos pacotes de software de contabilidade baratos no mercado; Sage One é um dos pacotes mais populares disponíveis e pode ser alugado mensalmente por um valor pequeno. Se você usa um pacote desse tipo, compreenda o software para que se familiarize com o que está acontecendo no seu negócio. A conta de lucros e perdas deve ser analisada mensalmente, e quaisquer variações do seu plano serão destacadas com ações corretivas aparentes. Defina procedimentos de relatório para receber informações regularmente. As vendas e a sua posição de caixa devem ser monitoradas diariamente, uma vez que qualquer diminuição em qualquer uma delas, por qualquer razão, terá um efeito significativo no negócio.

Importância da rotatividade de estoque

A rotatividade do estoque, ou a velocidade com que o estoque está sendo substituído na empresa, é uma medida de extrema importância. Você pode ter ouvido a expressão *just in time* (jit) relacionada à fabricação ou produção. Ela é usada para explicar um método operacional de manufatura ou varejo, ilustrando como uma determinada empresa funciona aceitando o estoque ou produto que ela realmente precisa somente no dia em que precisar dele. Pode ser, por exemplo, a parte dianteira de um Mini chegando à fábrica no momento em que o carro sai da linha de produção para ser distribuído, ou uma caixa de cartões de Páscoa sendo entregue quatro semanas antes da Páscoa e não logo antes do Natal. O exemplo do carro jit é extremo e altamente sofisticado, mas considere o seguinte: se você negociar apenas com o estoque que precisa, o seu dinheiro em caixa será mais alto do que seria, caso tivesse uma sala de estoque cheia de mercadorias que poderia não precisar por semanas. A rotatividade ou substituição de estoque é uma área que você deve dominar.

Rotatividade de estoque

O cálculo básico é:

Custo das mercadorias vendidas (A) ÷ Armazenagem (B) = Rotação de estoque (C)

Para encontrar o estoque necessário para o seu negócio, o cálculo é:

Custo de produtos vendidos (a) + Giro de estoque (c) = Estoque (b)

O resultado dos seus cálculos de giro de estoques informará se tem ou não o volume correto dos mais vendidos e indicará as linhas de estoque que você deve encomendar. As rotações de estoque são calculadas com base no valor de custo, e não no valor de venda, pois os preços de venda a varejo podem ser reduzidos durante os períodos de venda ou se você tiver estoque em movimento lento. Em contraste, o preço de custo permanece estático. Para obter a relação de rotação de estoque, divida o custo das vendas pelo estoque médio. Deve-se notar que cada indústria trabalha em diferentes taxas ideais de rotação de estoque. Vamos discutir mais detalhadamente a diferença entre varejistas perenes e sazonais no capítulo 13 e explicar claramente as taxas ideais para cada determinado tipo de negócio.

Você deve analisar seu estoque semanalmente para detectar itens de baixa rotatividade. Esse estoque lento deve ser descontado assim que você perceber que há um problema que não pode ser resolvido por outros meios. Seus sistemas também devem monitorar os produtos mais vendidos para permitir que o reordene a fim de maximizar as vendas. Você quer manter seus clientes engajados, apresentando novas linhas de produtos, a introdução de novos estoques manterá seus clientes interessados e os incentivará a visitá-lo com mais frequência.

O exemplo de cálculo de rotação de estoques (ver figura 12.1) estabelece diferentes participações em capital com base em vendas anuais de £500 mil. É evidente que, à medida que a rotação do estoque aumenta, a participação no estoque diminui. Uma alta rotatividade de estoque de 6 requer apenas uma armazenagem de £25 mil, enquanto uma baixa rotatividade de estoque de 2 requer uma armazenagem de £75 mil. Trata-se de um aumento considerável, que resultará em excesso de estoque. As vendas também podem ser afetadas por índices de rotatividade. Se a sua armazenagem permanecer estática e a sua taxa de rotação de estoque diminuir, as suas vendas também diminuirão.

À medida que um negócio cresce, todo varejista bem-sucedido – não importa quão forte seja o conceito ou quão desejáveis sejam os produtos que espera vender – precisa de controles de custos sólidos e de um planejamento preciso sobre como gastar recursos. Esses são fatores críticos para acertar. Ter muito capital ou dívida imobilizados em estoques que demoram tempo demais para serem vendidos ou que nunca esgotam completamente, sem grandes descontos, é um caminho para o desastre. Garantir que os produtos certos estejam em estoque, nas quantidades certas, é determinante. Isso enfatiza firmemente o planejamento de mercadorias e os sistemas de controle de estoque, mantendo relatórios atualizados de reabastecimento e, portanto, a necessidade de selecionar uma solução adequada para o negócio. Essas são decisões importantes a serem tomadas logo no início e irão gerar confiança, melhorar o controle orçamental e estabelecer as expectativas certas para o seu negócio e para os seus stakeholders. Isso também vai declarar o seu profissionalismo para aqueles com quem você pode querer levantar dinheiro nos próximos anos. O planejamento de despesas dessa forma, com um índice de estoque ideal, simplifica e aumenta a precisão de compras, pedidos e reabastecimentos. Um bom sistema deve calcular continuamente a melhor posição de estoque possível para a empresa e garantir alocações de estoque adequadas antes dos reabastecimentos desnecessários. Para produtos de moda e vestuário, isso significará uma melhor precisão na forma como você ajusta as curvas de tamanho (também conhecido como escala ou proporção de tamanho). Alguns varejistas compram muitos tamanhos pequenos e poucos tamanhos grandes; a Uniqlo cometeu esse erro quando chegou no Reino Unido. Isso significa que há menos espaço para erros ou gastos impulsivos. Você pode maximizar os lucros com a quantidade certa de estoque, no lugar certo, no momento certo – tudo baseado em dados sólidos.

Figura 12.1 Exemplo de cálculos de rotatividade dos estoques

A	Vendas sem IVA	£500.000	£500.000	£500.000	£500.000	£500.000	£500.000
	Custo das mercadorias vendidas	£150.000	£150.000	£150.000	£150.000	£150.000	£150.000
	Margem bruta	£350.000	£350.000	£350.000	£350.000	£350.000	£350.000
B	Armazenagem	£75.000	£50.000	£37.500	£30.000	£25.000	£21.429
C	Rotatividade de estoque (Custo de produtos vendidos dividido pelo estoque)	2	3	4	5	6	7

Em resumo, tenha em mente quais áreas-chave de seu negócio devem ser monitoradas regularmente e verifique se você está usando os sistemas que escolheu em sua capacidade total. Tendo tomado a decisão sensata de monitorar seu negócio cuidadosamente e em profundidade, pense sobre como digere e reage a essa informação. As maiores pessoas no mundo dos negócios e os empresários mais bem-sucedidos têm ao seu lado pessoas em quem confiam e com quem estão dispostos a partilhar as suas preocupações e ambições. Ter uma pessoa de confiança ao seu lado, a quem você pode recorrer de tempos em tempos, o ajudará a tomar decisões. Elas podem ajudá-lo a fazer o negócio avançar, questionando-o, de uma forma construtiva, se você está tirando as conclusões corretas dos dados que acumulou.

PARTE QUATRO

Compras e merchandising visual

13

Primeiro passo para compras e merchandising – Entenda seu negócio e o mercado em que estará entrando

Pontos-chave

- Decida que tipo de varejista você quer ser e entenda o setor
- Compre para ganhar dinheiro e gerencie o estoque de forma adequada
- Controle e meça o desempenho do produto e os KPIs
- Construa e mantenha relacionamentos
- Comportamento do cliente e sobrecarga de informação
- Feedback do cliente e a experiência visual
- Desempenho do espaço e layout
- Sua sinalização global

Escolha se pretende ser um varejista perene ou sazonal

O varejista perene

Um varejista sempre vende uma seleção previsível e rápida de mercadorias ao longo do ano. O estoque mantido pode ser substituído no dia seguinte e, por conseguinte, não está sujeito aos desafios inerentes à obrigação de se comprometer com as decisões de compra antecipada que são exigidas de um varejista sazonal. Os clientes sabem o que vão encontrar caso você seja uma empresa perene, já que sempre esperam ver a loja bem abastecida com produtos semelhantes ao longo do ano. O estoque absorve dinheiro e quanto mais rápido o varejista perene "gira" ou substitui seu estoque, mais rentável será o negócio e mais dinheiro terá para recomprar o estoque – e pagar as contas. Um varejista perene deve procurar substituir completamente, ou virar, o seu estoque cerca de doze vezes por ano. Isso equivale a uma vez a cada quatro ou cinco semanas. Algumas partes do estoque girarão ainda mais rápido. Um varejista perene nunca precisa ter estoque em excesso.

A margem ou lucro bruto (a quantidade de dinheiro entre o preço que uma empresa paga por um produto e o preço pelo qual o vende) que uma empresa pode ganhar em mercadorias fáceis de substituir é por vezes inferior à de produtos de maior risco, como a moda, o comércio cíclico ou sazonal. No entanto, o risco é menor. Como esse risco é menor, não é necessário se comprometer e comprar com longos períodos de antecedência. Um varejista perene não tem mais estoque do que o absolutamente necessário para satisfazer uma procura. Será o fornecedor do varejista perene que estará responsável pela mercadoria necessária para o reabastecimento. O fornecedor ou o fabricante vai suportar esse esforço de caixa. No entanto, é preciso ter em conta que um comércio como esse exige um controle bom e atualizado, um conhecimento diário do que se vende e uma análise minuciosa dos produtos para tirar vantagem desse processo. O livro aborda esse ponto vital na parte três sobre finanças e controle.

O varejista sazonal

Um varejista sazonal, por outro lado, que se prepara para assumir um risco mais elevado em troca de uma margem mais elevada, deve aceitar e entender o jogo das tendências e, portanto, deve estar preparado para analisar e reestudar o mercado escolhido com muito cuidado.

Um varejista sazonal bem-sucedido procurará renovar, entregar ou recolocar o seu estoque pelo menos quatro vezes por ano, ou seja, a cada doze ou treze semanas.

O ano comercial será dividido em dois períodos principais: a estação primavera/verão, que acontece de fevereiro a julho, e a estação outono/inverno, de setembro a dezembro. Esse calendário não é apenas controlado pelas marcas, mas também pelos hábitos de compra dos consumidores, que se alimenta de uma longa tradição. O consumidor, independentemente das condições meteorológicas prevalecentes, reduzirá radicalmente a compra de mercadorias de primavera/verão a preços elevados do meio para o final de junho e de produtos de outono/inverno no final de novembro. A principal razão é o condicionamento aos períodos de venda sazonais, determinados pelos varejistas nacionais.

Os varejistas sazonais devem assinalar as semanas do final de junho a meados de agosto e do final de dezembro ao final de janeiro para os períodos de venda ou de liquidação, de oito a dez semanas por ano. Naturalmente, é preferível entrar nos períodos de venda com pouco estoque em vez de muito.

Se setenta a oitenta por cento das compras de uma estação tiverem sido vendidas antes da liquidação, então o negócio terá sido muito bem-sucedido. A venda de uma porcentagem inferior a essa deverá suscitar questões sobre se o recolhimento do produto específico se enquadra numa categoria de "alto risco" e deve ser abandonado. Os varejistas sazonais devem ser varejistas radicais.

Sempre existe estoque excedente no mercado caso uma empresa se encontre com pouco estoque e, muito frequentemente, esses excedentes podem ser comprados a preços inferiores aos originais. Por conseguinte, a empresa pode obter margens razoáveis mesmo no momento da venda. Lembre-se, uma relação boa e aberta com o seu fornecedor muitas vezes resultará em ofertas de mercadorias sazonais excedentes a preços muito reduzidos. Os fornecedores terão sempre excesso de estoque, muitas vezes causado por cancelamentos ou inadimplência, mas tenha cuidado para não comprar muito estoque de "pechinchas" apenas porque é barato. Outro benefício fundamental de não estar com muito estoque é que a empresa poderá introduzir novos estoques sazonais mais cedo, no final de julho para o outono e em meados de janeiro para a primavera. Isso permitirá que o negócio se mantenha um passo à frente da concorrência, ganhando a fidelidade da clientela regular e atraindo novos clientes.

Considerações sobre o varejista sazonal

- Luxo/prestígio: em que os clientes pagam preços exclusivos por uma qualidade superior que proporciona uma sensação ambiciosa de bem-estar.
- Marca: em que os clientes pagam pela qualidade e garantia da marca.
- Personalizado: em que os clientes pagam uma *categoria* premium para possuir um design ou produto exclusivo para suas necessidades.
- Relação custo-benefício ou preço acessível: quando os clientes aspiram a um "estilo de vida", mas não podem pagar um preço de marca de luxo.

Categorias de varejo: perene

- Velas e incenso
- Cartões de felicitações e artigos de papelaria
- Livros, revistas e jornais
- Artesanato e presentes relacionados
- Decorações (sazonais)
- Artigos para festas e balões
- Produtos florais e afins
- Decoração de interiores
- Roupa de cama
- Presentes de grife
- Presentes gerais
- Cosméticos, produtos de higiene pessoal e bem-estar
- Artigos para uso doméstico, ferragens, louça, vidro e utensílios de cozinha
- Brinquedos e jogos
- *Delicatessen*
- Café, lanche e comida para viagem
- Roupas para bebês e presentes para crianças de até 3 anos
- Alimentos especiais, mercearia, açougue etc. (pode incluir alimentos sazonais)
- Bicicletas, roupas e acessórios para ciclismo
- Pesca

Categorias de varejo: sazonais

- Vestuário para crianças dos 3 aos 12 anos
- Vestuário de adulto/jovem a partir dos 13 anos
- Artigos e vestuário para atletismo
- Sapatos e acessórios para homens, mulheres e crianças
- Acessórios de moda, joias e relógios
- Móveis, iluminação e acessórios de decoração
- Produtos de jardim e de exterior
- Artigos de couro, bolsas e presentes relacionados

Quer o seu objetivo de negócio seja tornar-se um varejista perene ou sazonal, os pontos-chave essenciais na construção e estabelecimento de uma marca são os mesmos. Você deve sempre se esforçar para:

- ser diferente;
- ser relevante;
- ser constantemente curioso;
- ser compreendido (os clientes devem entender o que você faz instantaneamente);
- construir uma reputação.

Ouvimos Angela Ahrendts, dbe, vice-presidente sênior de varejo da Apple Inc e ex-ceo da Burberry, dizer fortemente em uma entrevista que os clientes hoje não querem vendas excessivas. Ela também expressou que o papel do varejista de hoje é ser um embaixador da marca e nunca perder o foco em todos os aspectos com os quais o cliente vai entrar em contato. Isso incluirá vitrines, *displays*, site, mídia social e, é claro, interação humana. Nós concordamos com Angela Ahrendts, e um exemplo perfeito dessa visão se manifesta na nova loja Nike na famosa Quinta Avenida, em Nova York.

A partir do momento em que o cliente entra nessa loja da Nike, ele é convidado a experimentar o que está por trás da famosa marca. Os clientes são encorajados a interagir com monitores de vídeo de alta tecnologia que explicam como os produtos, especialmente os calçados, são montados, projetados, testados e fabricados. Especialistas estão disponíveis para recomendar o calçado certo para necessidades específicas. Os clientes podem desenhar os seus próprios sapatos usando centenas de opções, desde cadarços a solas. Esses sapatos personalizados ficam prontos em apenas dois dias. As crianças podem entrar numa sala de pintura especial para customizar o seu calçado exclusivo. Tudo isso dá uma forte noção de como o produto foi executado de forma brilhante por pessoas que reconhecem as demandas e necessidades dos clientes de hoje para ter confiança na compra. Como Angela Ahrendts, a Nike não se apoiou em sua reputação, mas buscou energicamente maneiras de dar a experiência que os clientes do dia a dia precisam, mesmo que subliminarmente.

A reputação é importante. E sua reputação é definida pela opinião que pessoas para quem vende, com quem trabalha e com quem negocia têm de você e de sua empresa. Trata-se de respeito e admiração pelo serviço que recebem e pelo comportamento e caráter da organização. A reputação importa mais do que nunca no mundo do varejo, e a principal razão para se concentrar na construção de uma excelente reputação é que ela o ajudará a aumentar o crescimento, facilitar a atração de clientes e manter as melhores pessoas para trabalhar e negociar com você. A reputação cria confiança, e as empresas com excelente reputação têm uma chance muito maior de sucesso do que as empresas com má reputação. É um ativo empresarial muito valioso, mas intangível, obtido mediante a honestidade, integridade, valor, oferta de qualidade consistente, serviço e autoridade sobre o produto, bem como a eficácia de um *site* e padrões na loja física. Uma vez perdida uma reputação, é quase impossível recuperá-la.

As novas marcas crescem por meio da diferenciação e relevância, e ganham força quando obtêm pontuação alta ao serem respeitadas e compreendidas. Marcas estabelecidas ou bem conhecidas começam a morrer quando deixam de ter um alto grau de diferenciação e relevância e, em vez disso, contam apenas com respeito e um entendimento antigo e equivocado. Elas entram na zona de conforto – um lugar muito perigoso para se estar sendo um varejista.

14

Técnicas de compras eficientes para ganhar dinheiro

Pontos-chave

- Analise o seu lugar no mercado
- Dê autoridade à sua marca comercial
- Planeje a sua compra com cuidado
- Rotação de estoque
- Desenvolva sua "marca própria"
- Acrescente valor à sua marca
- Crie um calendário de compras

O lugar de uma startup de varejo no mercado

Se a empresa pretende ser um varejista perene ou sazonal, ela deve estar ciente do segmento de varejo no qual está competindo.

Como startup, esteja bem ciente do tamanho financeiro do mercado varejista no qual você pretende operar. No Reino Unido, podem ser encontradas informações muito pormenorizadas no site do Office of National Statistics (ONS), onde são publicados mensalmente boletins estatísticos do varejo. Boletins como esse, que estão disponíveis na maioria dos países, ilustrarão claramente como os vários segmentos do mercado de varejo evoluíram ao longo de períodos de cinco e dez anos.

Ao analisar esses boletins, concentre-se nas estatísticas de valor, e não de volume, em que o valor representa o dinheiro recebido e o volume das unidades vendidas. O valor é um indicador muito melhor de como um segmento está se formando. Além disso, no Reino Unido, as estatísticas da ons estão divididas entre grandes varejistas, aqueles que empregam mais de 250 pessoas, e pequenas empresas, que empregam até 50 pessoas. Portanto, é possível identificar se, nos últimos cinco anos, os grandes varejistas retiraram ou não vendas das empresas menores em segmentos específicos. Isso pode muito bem ajudar o processo de tomada de decisão.

Para além desses boletins estatísticos, o site The Paypers fornece informações muito importantes sobre as compras online transfronteiriças. Um artigo recente escrito por Robert Miller, publicado no *The Times* de Londres, em 12 de setembro de 2018, relatou que os Estados Unidos são os maiores no mercado de exportação para as empresas online britânicas. Os consumidores dos Estados Unidos gastaram £12,5 bilhões em bens nos doze meses entre agosto de 2017 e agosto de 2018. Os consumidores chineses gastaram £5,7 bilhões no mesmo período. Claramente, o que você pode deduzir disso é que abrir uma loja online é verdadeiramente um empreendimento internacional. O site The Paypers também lhe permite pesquisar os fatos e números do comércio eletrônico em 25 países e analisar com algum detalhe os métodos de pagamento preferidos, a prevenção de fraudes online, as leis do comércio eletrônico e muito mais sobre cada território.

Se você pretende estabelecer um negócio em uma rua principal local, será importante verificar se um novo centro comercial ou megaloja foi aberto nas proximidades e perturbou o equilíbrio do comércio da área – e possivelmente "roubou" negócios da área local. Mesmo que isso tenha acontecido, você ainda pode sobreviver, prosperar e diferenciar sua marca caso se torne uma autoridade nos produtos do nicho que vende, forneça serviços de alta qualidade e empregue técnicas de marketing relevantes que atraiam sua base de clientes. A atmosfera certa na sua loja, juntamente com a sua presença online, serão ingredientes extremamente importantes para proporcionar uma experiência perfeita que irá deixar os seus clientes com uma sensação agradável em relação ao seu negócio.

Um exemplo maravilhoso e bem-sucedido disso é a loja de calçados independente e varejista online chamada The Brogue Trader.

Chris Macnamara fundou a cadeia há pouco mais de quatro anos em Cardiff, no País de Gales. Seu plano era abrir dez lojas em cinco anos e ele acabou de exceder esse objetivo, abrindo sua décima primeira loja em Manchester. O Brogue Trader vende marcas de calçado britânicas conhecidas e produtos complementares para homens. A empresa se orgulha de criar uma atmosfera semelhante a um confortável clube privado, decorado com sofás e armários de carvalho. A equipe está presente no local, vestindo coletes, suspensórios e gravatas, e oferece serviço individualizado por pessoa.

Autoridade da marca: o que isso significa e como ela é representada?

A marca de uma empresa de varejo é fundamental. Sua nova marca deve reconhecer que os consumidores agora esperam que os varejistas, tanto online quanto nas lojas, ofereçam uma experiência – como é demonstrado no exemplo que demos dos homens da Brogue Trader.

O que queremos dizer com experiência é a sensação do cliente ao entrar na loja (física ou online), construída sobre os seguintes componentes:

- Uma rápida compreensão ou entendimento da proposta.
- Uma impressão de especialidade de produto e know-how.
- Capacidade de se relacionar com as aspirações dos seus clientes.
- Pessoas conhecedoras (reais e virtuais) felizes em servir e aconselhar.
- Uso inteligente do espaço, não importando o tamanho.

Uma boa experiência transmitirá:

- Autoridade: o que você faz e conhece bem, suas habilidades e suas especialidades em tudo que faz.
- Personalidade: como você se expressa, como se "parece", como "se apresenta", como "soa" e a experiência total que seu negócio cria em cada esfera de operações.
- Valores: o que você defende, suas crenças, seu serviço pessoal e online.
- Pessoas: sua equipe, que você precisa garantir que compreenda

totalmente e se envolva com a sua marca, para que possam vender e falar sobre seu negócio com convicção e autoridade. Esse é o ponto de diferenciação pelo qual você se esforça e que o distinguirá dos seus concorrentes.

Seja o melhor da classe

Uma empresa startup tem de ser identificada pelo seu cliente como sendo "a melhor da classe" na área específica escolhida - não apenas no local, e não apenas no Reino Unido, mas em todo o mundo.

Mídias sociais e plataformas online permitem que você veja o que está acontecendo em seu mercado e, é claro, permite que seus clientes permaneçam hiperinformados. Uma empresa startup tem que perceber que o cliente bem viajado e bem informado de hoje já viu e experimentou muito, então a experiência que você oferece realmente tem que acertar o alvo.

Planejando o que comprar

Seleção única de produtos

Produtos cuidadosamente selecionados e constantemente atualizados garantem que você se destaque da multidão de varejistas na rua e online. Nos últimos anos, o consumidor tem sido sobrecarregado pelo volume de opções, mas tem ficado decepcionado quando se trata de escolher um negócio que ofereça diferenciação.

Uma empresa recém-chegada ao mercado tem de perceber que o trabalho árduo de um produto cuidadosamente selecionado e constantemente atualizado está sob sua responsabilidade. Eles estão poupando o tempo de pesquisa dos clientes, ao mesmo tempo em que sustentam o valor da nova marca e proporcionam a alegria da descoberta. Por isso, escolha produtos especiais que ofereçam aos seus clientes uma oferta irresistível que eles só possam encontrar com você. Esteja sempre ciente da competição, mas não as copie – seja forte o suficiente para seguir sua própria visão.

Edite a sua oferta

É essencial que você analise os seus dados de vendas e pergunte constantemente o que comprar e o que parar de comprar. Uma nova empresa não precisa comprar sistemas epos caros para fazer isso; uma simples planilha no Excel, que registra e classifica as vendas por departamentos e categorias, fará o trabalho. Um exemplo é fornecido no próximo capítulo (figura 15.1).

O usuário deve garantir que as compras planejadas em relação aos segmentos específicos do estoque sejam compatíveis com as vendas nesses segmentos. Por exemplo, se vinte por cento das suas vendas são provenientes de cartões de felicitações, vinte por cento do seu estoque deve estar em cartões de felicitações e, claro, vinte por cento das suas despesas também devem estar nesse segmento. Parece óbvio, mas pode ser facilmente ignorado.

Mais importante, nunca adivinhe o que está vendendo bem. Seja implacável: se um produto está vendendo lentamente quando comparado a outros produtos da gama, pare de comprá-lo e certifique-se de que não voltará a encomendá-lo. Utilize sempre o seu dinheiro de forma sensata e inteligente e lembre-se que os clientes com menos opções são mais propensos a comprar e irão confiar na sua edição.

Planejamento da compra

Após a seleção da oferta de produtos (mercadoria) ter sido feita e ter sido cuidadosamente avaliada financeiramente, calcule o valor de custo final do que está sendo pedido antes de confirmar. Você nunca deve comprar mais do que pode pagar.

A próxima etapa é garantir que os vários produtos têm espaço para serem exibidos com autoridade e na posição adequada, sem sobrecarregar a loja ou o site. Quando tiver isso planejado e pronto para ser executado, você também deve garantir que os produtos de seus fornecedores cheguem até você no momento certo para atender às necessidades e expectativas de seus clientes. Por exemplo, não faz sentido que os cartões do Dia das Mães cheguem dois dias antes do domingo ou que as peças de inverno sejam entregues no final de novembro.

Checklist do planejamento essencial: pontos-chave em que se deve focar

- Para se destacar, tenha um plano de compra e fornecimento claramente definido.
- Planeje e avalie financeiramente, por segmento.
- Assegure-se de que você estoca produtos que apenas estejam relacionados com o objetivo geral do negócio.
- Assegure-se de que as compras planejadas em relação aos segmentos específicos do seu estoque correspondam exatamente às suas vendas nesses segmentos.
- Se você se especializa em um segmento, procure constantemente no mercado por produtos exclusivos para fortalecer e atualizar essa proposta.
- Viaje para feiras de negócios se puder. Os guias de feiras internacionais, que cobrem todos os tipos possíveis de mercadorias, são fáceis de encontrar no Google.
- Tenha cuidado ao importar do exterior se não houver agente ou representante no país em que opera, especialmente se lhe for pedido que pague cem por cento adiantado ou que assine uma carta de crédito. Se você não conseguir obter algum tipo de seguro, é melhor não se comprometer. Muitas empresas pequenas fracassaram quando as mercadorias que compraram no exterior não foram entregues.
- Se você importar diretamente, estipule um limite para gastar. Pedidos no exterior podem ser mais difíceis de substituir, então não confie muito em um pedido.
- Ocupe um mercado que evite competições, principalmente de preço. As guerras de preços são fatais e é esse o caso no varejo online, bem como no varejo de rua.

- Mantenha sempre algum dinheiro guardado para renovar e atualizar o seu estoque. Garanta que a sua escolha seja sempre consistente com a sua posição de mercado declarada.
- Editar e analisar as suas vendas (por cada segmento) é fundamental. A realização dessa função mensalmente é o ideal. É importante levar a cabo essa tarefa vital, utilizando todos os dados do estoque e da análise de vendas, a fim de "sinalizar antecipadamente" alertas que talvez precisem ser executados.

Por que a rotatividade do estoque é tão importante?

Como explicado no capítulo 12, a rotatividade do estoque é uma medida do número de vezes que o estoque é substituído em um período de tempo, por exemplo, no decorrer de um ano, três meses ou até mesmo um mês. Quantas vezes a rotatividade do estoque é medida depende do negócio, mas quanto mais vezes melhor. É uma medida fundamental porque representa a eficácia com que uma empresa está aplicando o seu dinheiro. A equação a ser usada para medir a rotatividade do estoque é a seguinte: Calcule as vendas de varejo, a preço de custo ou a preço de varejo, durante o período selecionado. Em seguida, divida pelo estoque de varejo mantido no final do prazo escolhido, novamente no varejo ou no custo.

Nota: é importante usar o preço de custo ou de varejo para ambas as medidas.

Exemplo

Exemplo 1: Se o montante de vendas (no período selecionado) for de £1.000 e o estoque mantido (no final desse período) for de £500, a rotação do estoque será igual a 2 vezes.

Exemplo 2: Se o montante de vendas (no período selecionado) for de £12.500 e o estoque mantido (no final desse período) for de £2.200, a rotação de estoque será igual a 5,7 vezes.

Dica

Tenha em mente que seu negócio exigirá uma quantidade mínima de estoque (por segmento) para parecer competente e atingir o plano de vendas no espaço físico ou na tela que você pretende dedicar a ele.

O usuário deve calcular a rotatividade de estoque em cada segmento para garantir que não haja excesso de estoque. Por exemplo, se as vendas de bichos de pelúcia foram de £100 no mês anterior e o estoque detido é de £75 (giro de estoque de 1,3), você está com excesso de estoque. Esse é um sinal de alerta precoce; depois que souber disso, pode considerar e reagir. Talvez a escolha tenha sido errada ou talvez o produto não esteja sendo exibido corretamente. Seja o que for que se revele ser, a análise da rotatividade dos estoques ajudará a chamar a sua atenção para essas questões. Normalmente, uma pontuação de rotatividade de estoque de 5 ou mais indica um negócio eficiente. Uma empresa "perene" deve rotacionar o estoque mais rápido do que uma empresa "sazonal", porque o estoque está sempre disponível no fornecedor a curto prazo. Verifique sempre se os estoques que vende podem ser comprados por devolução ou em prazos de entrega muito curtos, porque qualquer estoque comprado dessa forma irá beneficiar a sua rotatividade. E aumentar a rotatividade de estoque significa dinheiro na sua conta bancária.

Checklist do uso inteligente do dinheiro

- Antes de comprar, analise sempre os seus dados.
- Desenvolva um sistema de planilhas de análise, coloque datas na agenda e cumpra os prazos.
- Antes de comprar, considere cuidadosamente as tendências dentro e fora do seu negócio.
- Certifique-se de que todos os envolvidos estejam participando, seguindo uma agenda simples.

- Se você estiver trabalhando com colegas, garanta que alguém seja responsável por segmentos específicos. Isso estimula a responsabilidade e desenvolve a autoestima.
- Sempre confirme e verifique as encomendas (mesmo as encomendas por telefone) antes de enviá-las a um fornecedor.
- Não importa como você comunica seus pedidos, sempre mantenha cópias impressas, arquivadas pelo fornecedor.
- Quando as mercadorias chegam, sempre combine a entrada com os seus pedidos e verifique as faturas. Não é incomum que os fornecedores substituam o estoque ou adicionem mais. Em alguns casos, eles não entregam em quantidade suficiente e isso precisa de acompanhamento imediato.
- Não aceite entregas tardias sem considerar cuidadosamente as suas opções.
- Procure guardar dinheiro para gastar em novos pedidos de produtos que vendem bem ou para introduzir produtos que você acha que vão "iluminar" a sua seleção.
- Decida com que porcentagem você consegue fazer isso e mantenha-se fiel a ela. É prática comum reter de 10% a 15% do seu gasto anual previsto para esse fim.

Desenvolvimento de uma marca própria

Uma empresa startup pode desenvolver gradualmente uma *private label* ou uma marca própria ao longo do tempo. Desenvolver uma ou uma coleção de marca própria irá sustentar o seu negócio e a sua marca a médio e longo prazo.

A margem é a força vital de cada negócio, e os produtos com uma marca ou identidade bem reconhecida sempre limitarão a margem que você pode ganhar. O varejo de um produto sob sua própria marca geralmente custa menos, mas o preço pelo qual o vende será próximo ou similar aos níveis de mercado, ganhando uma margem maior para você. Não se apresse, mas se o conceito apelar, permaneça com o objetivo. Vamos explicar os passos para desenvolver a sua própria marca neste capítulo, mas primeiro resumiremos a importância disso.

- Uma marca própria é um produto que carrega apenas a sua etiqueta.
- Uma marca própria vai distingui-lo.
- Uma marca própria muitas vezes lhe dará uma margem de lucro maior do que uma mercadoria de uma marca reconhecida, porque o consumidor não poderá adquirir o item em outro lugar.
- Toda empresa, independentemente do tamanho, precisa estabelecer uma marca própria.

Exemplos de startups que começaram a negociar sob seu próprio nome

- BooHoo
- Next
- Cath Kidston
- The White Company
- Lush
- Body Shop
- Burberry
- Kate Spade
- Ralph Lauren
- Typo
- Emma Bridgewater
- Marks and Spencer
- Reiss
- Ted Baker
- LK Bennett
- Space NK

Principais passos para desenvolver uma identidade de marca para sua própria coleção

Swing tag

Imprima etiquetas no estilo *swing tag* com o seu logotipo e marca para ser anexada a todos os produtos da loja e em cada página do seu site (mesmo que inicialmente os produtos vendidos sejam de vários fornecedores). Há centenas de empresas que produzem etiquetas a custos muito baixos. Para lojas de varejo, certifique-se de que o verso da *swing tag* carregue um adesivo removível com preço e detalhes do produto. Isso pode ser usado mais tarde para analisar as vendas.

Ao ter a sua marca em tudo o que vende, você eleva o perfil dela e dá uniformidade à sua proposta. Você também deve deixar a etiqueta depois de ter vendido o item – seus clientes irão lembrar de você e de onde eles compraram o item.

Analise os mais vendidos por categoria

O ponto importante ao desenvolver um controlador lógico programável, pl c (*Power Line Communication*) é analisar cuidadosamente os mais vendidos em cada categoria de produto. É essencial comercializar por seis meses antes de fazer uma leitura confiável do desempenho dos mais vendidos. Uma vez que os mais vendidos de cada categoria tenham sido identificados, você pode então começar a procurar os fabricantes desses tipos de produtos. (Visitar feiras é a melhor maneira de fazer isso.)

Determine itens para sua marca própria

O tamanho do seu negócio irá determinar quantos itens de cada categoria deve comprar para serem selecionados para a sua marca própria. Você pode até mesmo decidir começar com apenas uma categoria; tudo bem. O ponto-chave para sempre ter em mente é que, quando introduzir o seu produto para o cliente, ele deve refletir a qualidade pela qual você deseja se tornar conhecido e, claro, sustentá-la. O item deve incluir características e benefícios que diferem e são uma melhoria em relação ao produto de marca mais próximo. O seu cliente apreciará a exclusividade do seu produto, especialmente se o preço de venda for semelhante ao do produto de outra marca.

Agregando valor à sua marca

Acrescentar valor à sua marca ou negócio raramente tem a ver com preço. Nunca confunda "valor" com preços baixos e varejistas de preços reduzidos. Os varejistas cuja estratégia de marketing depende inteiramente da entrega de preços muito baixos estão se tornando uma zona muito movimentada. As redes de varejo de oferta – Primark, PEP&-CO, Peacocks, M&Co e Bonmarché no Reino Unido e muitas outras internacionalmente – são ferozmente competitivas, e essa é uma área que as startups devem evitar. O mercado médio ou de valor agregado é um local de comércio muito mais seguro.

Agregar valor tem a ver com o cliente associar o seu negócio ou marca com pensamentos positivos trazidos tanto pela sua confiança no produto, pela experiência durante o processo de compra e pela oferta de qualidade consistente. Os clientes mais felizes fazem compras no setor independente ou em setores nos quais ainda prevalece a "mão de ferro" da família fundadora. Para ser bem-sucedido nesse campo, um varejista deve ser bom – muito bom. As grandes marcas tornam-se maiores não necessariamente melhorando o produto, mas associando-se a eventos, celebridades e esportes. Damos alguns exemplos abaixo.

Exemplos de associações de marcas

- Haig Scotch e David Beckham
- Rolex e Wimbledon
- Ralph Lauren e Wimbledon
- Hugo Boss com esportes e artes
- Emirates e clubes de futebol de renome mundial
- Perfume Chanel e Keira Knightley
- Louis Vuitton e fundações de arte
- Cartier e polo
- Uniqlo e Roger Federer
- IKEA com boa comida e uma excelente creche
- Starbucks e "novos" cafés

Essas marcas criaram na mente dos clientes uma ligação entre as suas aspirações e a marca. O valor agora fluiu da marca para o cliente, que se torna um comerciante ativo para essa marca.

Claramente, uma pequena empresa é incapaz de igualar os níveis de associação listados com essas marcas de alto perfil, mas isso não quer dizer que você não possa iniciar o processo de vincular sua marca ao estilo de vida e às perspectivas dos seus clientes potenciais. Por exemplo, se uma empresa vende para pessoas conhecidas em sua área, por que não começar um conselho de celebridades (com a permissão delas) na loja e no site e pedir a cada celebridade visitante para escrever algumas palavras sobre sua experiência? Na maioria dos casos, as pessoas ficam mais do que felizes em fazer isso, porque apoiam a inovação e as pequenas empresas. Colaborar com artistas locais, organizar eventos fora do horário comercial e realizar competições online, juntamente com um fluxo de informações detalhadas sobre produtos e blogs de notícias, tudo isso ajuda a construir a ponte e manter conexões.

Exemplos tangíveis de valor agregado

- Inclua pilhas nos brinquedos, aparelhos ou jogos eletrônicos
- Ofereça uma escova com secador de cabelo
- Forneça uma capa e uma escova na compra de roupas
- Adicione uma caixa de chá à chaleira
- Forneça um livro de receitas com dois potes de produtos locais
- Adicione uma bolsa de maquiagem na compra de cosméticos
- Dê um selo grátis com dois cartões de felicitações

Assim, uma marca desenvolverá gradualmente uma identidade por meio da relação que está sendo promovida entre o cliente e o produto ou serviço de destino. A marca começará a ganhar vida na mente do cliente e, se a marca oferecer um desempenho acima do esperado consistentemente, essa visão irá perdurar. Pode ser um trabalho duro, mas realmente vale a pena.

O calendário de compras

A criação de um calendário de compras ajuda você a planejar a compra e a colocar eventos importantes na agenda. Ele deve incluir:

- feiras comerciais, incluindo análise de tendências;
- planejamento para períodos sazonais (Natal, Páscoa etc.);
- planejamento para períodos de venda;
- planejamento para eventos especiais;
- período em que os seus fornecedores estão prestes a lançar as suas novas coleções ou variações;
- período em que se espera receber entregas.

A principal função desse tipo de planejamento é garantir que os pedidos sejam recebidos e colocados de modo que cheguem a tempo. O calendário irá ajudá-lo a olhar para o ano como um todo e prever os produtos que serão mais necessários em momentos diferentes do ano. As necessidades e expectativas dos seus clientes mudam ao longo do ano, e eles esperam que você antecipe as suas necessidades.

O seu calendário também deve levar em conta os tempos de entrega entre a realização da sua encomenda com um fornecedor e a chegada efetiva dos seus produtos ao seu local de atividade. Se você tiver uma loja física em vez de apenas uma presença online, precisa reservar tempo para desembalar as mercadorias, preparando-as para venda e criando exibições, além de tempo para planejar o layout do seu site.

Esteja atento às comunicações do seu fornecedor, porque elas o farão começar a pensar antecipadamente nas diferentes estações e eventos que mencionamos. Mais de um quarto das suas vendas anuais será nas últimas oito semanas do ano civil, por isso prepare-se para "Natal em julho". É nesse período que fornecedores, varejistas e mídia estão trabalhando em promoções de Natal, escolhas de produtos e planos de mídia.

Conforme for trabalhando durante seus primeiros anos na indústria de varejo, você vai estar em uma curva de aprendizagem muito íngreme – então certifique-se de fazer anotações das coisas que você aprendeu, tanto das atividades que acertou, bem como das coisas que errou. Em seguida, insira essas experiências em seu processo de planejamento, para que, nos próximos anos, você se torne mais e mais eficiente.

15

Controle e medição do desempenho do produto e estabelecimento de KPIs

Pontos-chave

Faça da coleta e análise de dados uma prioridade

Utilize Indicadores-chave de desempenho (KPIs) para melhorar e monitorar o negócio

Analise as finanças, mercadorias e produtividade das pessoas

Controle de estoque – Saiba o que você está vendendo e capture cada detalhe

Analisar o desempenho de um negócio é determinante para controlar o estoque. A menos que existam sistemas claros desde o início, não será possível atingir o máximo de vendas. Você precisa analisar diária, semanal, mensal e anualmente para que nunca haja surpresas. Ao analisar continuamente os dados e o desempenho do produto, você será capaz de reagir de maneira eficaz a quaisquer mudanças necessárias. Lembre-se, estoque é dinheiro e precisa ser tratado com muito cuidado. Garanta que você tenha um sistema de controle de estoque confiável e use-o para rastrear as vendas, medir a rotatividade dos estoques e a rentabilidade e analise o desempenho por fornecedor e por produto. (Você se lembrará que abordamos isso em detalhes na parte três.)

Figura 15.1 Um exemplo simples de planilha para acompanhar o desempenho dos negócios

Este modelo simples pode ser analisado pelo desempenho de vendas, desempenho do lucro bruto e pelo desempenho do fornecedor e desempenho da categoria do produto, usando a coluna de ordenação. Também pode ser usado como um relatório de compromisso.

A	B	C	D	E	F	G	H	I	J	K	L	M	N	O	P	Q	R	S	T	U	V	W	X	Y	Z	
coluna de ordenação	**C/C**	**fornecedor**	**produto**	**prod categ**	**sku**	**Dimensão (se aplicável)**	**Unidade**	**custo**	**Venda SPTI**	**IVA**	**Venda SPTE**	**Margem %**	**Lucro bruto**	**LM**	**%**	**LM**	**%**	**LY**	**%**	**LW**	**%**	**LM**	**%**	**LY**	**%**	**9**
	21-Ago																									10
		3	brinquedo	4	7001		1	£5,00	£12,99	20%	£10,83	54%	£5,83													11
		4	cartão	3	8001		1	£1,50	£4,99	20%	£4,16	64%	£2,66													12
		5	livro	7	9001		1	£5,00	£8,99	0%	£8,99	33%	£3,99													13
		7	brinquedo	4	7001		1	£6,00	£14,99	20%	£12,49	52%	£6,49													14
																										15
																										16
																										17
																										18
																										19
																										20
																										21
																										22
																										23
																										24
																										25
																										26
																										27
																										28
TOTAL							**4**	**£17,50**	**£41,96**		**£36,47**	**50%**	**£18,97**	**£27,00**	**35,1%**					**£15,00**	**20,9%**					29

Fórmula de margem: = (j11/1.2–i11)/(j11/1.2)

SPTI = preço de venda incluindo imposto ou *Selling price tax inclusive*.

SPTE = preço de venda excluindo imposto excluído ou *Selling price tax exclusive*.

LW = valor SPTE da semana anterior
LM = valor SPTE do mês anterior
LY = valor SPTE do ano anterior

Seja claro sobre o que você precisa para beneficiar e melhorar o seu negócio. Muitas empresas pensam que sabem qual estoque comprar simplesmente porque estão no negócio todos os dias, mas essa pode ser uma mentalidade perigosa. A análise do desempenho real dos negócios é fundamental para controlar o estoque de movimentação rápida ou lenta nos vários segmentos. Em termos de custo-benefício, um sistema simples de controle de estoque doméstico, demonstrado na figura 15.1, é de baixo custo e proporciona um retorno muito rápido.

Queremos destacar este ponto: a menos que se preveja que as vendas excedam £1 milhão no primeiro ano, um sistema epos caro é desnecessário. Essa simples planilha funcionará de forma extremamente eficaz para você.

Indicadores-chave de desempenho (KPIs)

Os kpis ou sinais vitais são indicadores de alerta precoce de como uma empresa está negociando. Eles fornecem fatos históricos e formas de planejamento para o futuro. Os kpis devem ser cuidadosamente selecionados e devem incluir as contribuições de todos os envolvidos na criação da empresa. Concordar com os sinais vitais e, em seguida, monitorá-los semanalmente irá pagar dividendos. As pessoas que o ajudaram a chegar a um acordo também serão investidas nas decisões que surgem a partir da inteligência de negócios que são reveladas, ajudando assim o negócio a ter sucesso.

As três categorias KPI que realmente importam

ANÁLISE FINANCEIRA

- Total de vendas
- Vendas por categoria
- Vendas de fornecedores

- Lucro bruto total*
- Lucro bruto da categoria
- Dinheiro/cheque especial

*Veja a parte três deste livro, sobre Finanças e Controle, para saber como calcular o lucro bruto.

ANÁLISE DE MERCADORIAS

- Total de vendas unitárias
- Vendas unitárias da categoria
- Valor de vendas a varejo da categoria como uma porcentagem do valor de estoque da categoria varejo. Por exemplo, se os cartões trouxeram dez por cento das vendas da semana passada, o valor do estoque do varejo mantido não deve ser superior a dez por cento. É perigoso se os cartões representarem dez por cento das vendas e o estoque for de vinte por cento. Significa que o negócio está com muito estoque nessa categoria. Se for ao contrário, o negócio está com pouco estoque.

ANÁLISE DE PESSOAS E PRODUTIVIDADE

- Custos salariais
- Valor médio de transação (ATV) das vendas totais. Essa é uma medida muito útil que irá demonstrar se o negócio pode aumentar o seu volume de negócios, adicionando itens a cada transação, o que é uma ótima maneira de construir vendas.
- Valor médio de transação (ATV) por empregado. Esse indicador mede a produtividade dos funcionários e pode ser usado para bônus e metas.

Você deve medir todos esses três desempenhos em relação à semana passada, ao mês passado, ao ano passado e ao seu plano.

Uma vez que você começar a obter dados mensuráveis de volta, priorize a informação e a maneira como ela é usada. Por exemplo, compre mais ou menos ou elimine produtos não desejados. Coloque datas para uma revisão dos dados na agenda – diária, semanal, mensal, o que for melhor para o bom funcionamento do negócio – e cumpra-as.

O usuário também deve estar ciente do valor médio de transação (at v) em cada grupo de mercadorias. Por exemplo, se o at v em brinquedos de pelúcia for de £9,99, assegure-se de que a sua compra repetida reflita isso. Em outras palavras, não sobrecarregue seu estoque com muitos brinquedos de pelúcia caros acima do at v.

Pode ser que, ao iniciar, não exista um plano formal de negócios em vigor em relação ao qual os kpis da empresa possam ser monitorados; o produto pode até ter sido comprado. Este livro enfatiza fortemente a importância de colocar em prática, numa fase inicial, um plano de negócios. Se é sua intenção angariar dinheiro (assunto tratado no capítulo 10), você certamente precisará de um plano detalhado, mas um plano ainda é essencial, mesmo que pretenda iniciar um negócio financiando-o você mesmo.

Dica

CONTROLE DE ESTOQUE E KPIs

Decida antecipadamente quem será responsável pela introdução dos dados da planilha, quem receberá os relatórios e quem irá avaliar e agir com a informação.

16

Construindo e mantendo relacionamentos no varejo para retornos a longo prazo

Pontos-chave

Fomente a lealdade dos seus colegas

Conecte-se com seus clientes em várias plataformas

Mantenha um bom relacionamento com seu locador

Mantenha boas relações com seus fornecedores

Dupla afixação do preço

A equipe e seu papel

Startups podem ser um negócio solitário, mas sempre haverá pessoas em quem você pode confiar e que podem oferecer conselhos. Contribuições sensatas e, por vezes, parciais de um parceiro, um membro da família, um antigo colega, um contador, um advogado, um gestor de relações, um planejador financeiro ou um fornecedor são úteis e bem-intencionadas, mas tenha cuidado.

Trabalhar com um irmão, por exemplo, pode criar ansiedade. Nesse caso, é essencial estabelecer e concordar com os limites. A vantagem, no entanto, de trabalhar com irmãos é a confiança. Operar em silos, onde cada pessoa pode fazer suas próprias coisas, pode ser uma abordagem sensata e pode funcionar bem, desde que você tenha acordado datas de reuniões regulares desde o início. Para muitos irmãos trabalhando juntos, as discussões nunca acabam. Isso é algo contra o qual vocês devem se precaver, porque o tempo de folga também é importante.

Envolver colegas, funcionários e associados como parte do desempenho do seu negócio com um esquema de recompensa encorajará o sucesso. Se a equipe ou as pessoas envolvidas forem ouvidas e sentirem que a sua lealdade, empenho, paixão e resultados são recompensados, ficarão motivadas e seguirão o seu exemplo com entusiasmo. Você precisa estar confiante de que todos estão fazendo o melhor possível para aumentar as vendas dos clientes.

Inclua sua equipe nas coisas que faz pela empresa. Por exemplo, você pode considerar pedir aos fornecedores que façam um briefing sobre seu produto específico para toda a equipe. É provável que eles fiquem mais do que felizes em fazê-lo, e sua equipe ficará atualizada em relação aos produtos, tendências e novas gamas. Como disse o lendário Sam Walton, fundador do Walmart, em seu livro de 1983, *Sam Walton: Made in America – My Story*, "a maneira como os proprietários tratam seus associados (funcionários) é exatamente como os associados irão tratar os clientes. É aí que reside o lucro real da empresa de varejo".

Samuel Walton foi um empresário e empreendedor americano mais conhecido por fundar o Walmart, bem como o Sam's Club. Originalmente chamado Wal-Mart Stores Inc., o negócio cresceu e se tornou o maior varejista do mundo, bem como o maior empregador privado do mundo. Seu livro é excelente e recomendamos que tenha uma cópia. É a história da vida de um homem, rodeado por uma família dedicada e paciente e amigos apoiadores, vindo do mais humilde dos começos. Também está repleto de dicas úteis que você vai recebendo ao longo da jornada com ele, encontrando as suas provações e tribulações, bem como sucessos ao longo do caminho. Esse livro não contém fórmulas e clichês do varejo: trata-se de um homem, da sua visão de varejo e de como ele realizou o seu sonho trabalhando com pessoas, ouvindo-as, ouvindo os clientes e confiando em si mesmo e em sua família.

Clientes e preços duplos

A fim de comprar de forma eficaz, você precisa se envolver e se conectar com seus clientes. Como você consegue fazer isso? É muito simples: fale com eles, seja diretamente ou pelas mídias sociais, e nunca os engane com práticas de preços enganosas. Peça a opinião deles. Descubra por que estão comprando ou por que não estão comprando, o que podem querer comprar no futuro e que outras necessidades eles têm. Isso lhe dará uma visão valiosa sobre o que é importante para eles. Vamos repetir: ouça sempre os seus clientes.

Você pode considerar convidar um grupo importante de seus clientes para um evento em que eles possam lhe dar feedback em um ambiente social, fazendo com que se sintam parte do seu crescimento e sucesso. Outras formas de coletar informações e obter feedback de seus clientes são por meio de listas de discussão, programas de fidelidade, questionários após eventos e reações da mídia social às suas postagens no Twitter, Facebook e Instagram. A internet oferece algumas vias fantásticas para entender e interagir com seus clientes, então nunca pare de usar esses canais de comunicação. Trabalhar com o mantra "ganhar a confiança deles, manter a confiança deles". Uma das questões que enfurece e engana os clientes é a utilização flagrante da dupla afixação de preços. Ou seja, dar a impressão de que um item que foi reduzido em cinquenta por cento é uma verdadeira pechincha. O fato da margem de lucro do varejista de preço reduzido ser mais do que saudável ilustra um desrespeito pelo cliente por meio da impressão enganadora que lhe é dada, e demonstra também o *ethos* do varejista.

O Chartered Trading Standards Institute (CTSI) é uma associação profissional que representa normas comerciais para profissionais que trabalham com autoridades locais, empresas e setores consumidores internacionais e para o governo central no Reino Unido. Um guia CTSI há muito esperado para práticas de preços foi lançado no início de 2017, a pedido do UK Department of Business, Energy and Industrial Strategy e do Consumer Protection Partnership. O guia aconselha as empresas que vendem produtos ou serviços aos consumidores, tanto online como nas lojas, a fim de lhes permitir formular os seus preços e atividades promocionais de uma forma juridicamente correta. Recomendamos fortemente que todas as startups adotem e comuniquem aos seus clientes por que razão uma prática ou promoção de preços é justa e não enganosa - mesmo que seja de uma forma muito reduzida. Isso porque, se for contestado pelo Consumer Protection from Unfair Trading Regulations (cput) de 2008, a empresa será obrigada a demonstrar que possuía um sistema de diligência para evitar práticas enganosas. Isso pode soar oneroso, mas, desde que mantenha registros de suas campanhas promocionais, você atenderá aos requisitos de diligência devida.

Por exemplo, ao realizar uma promoção envolvendo uma comparação de preços que mostre o preço original e um preço com desconto, sob o novo guia, você precisará estar preparado para justificar e documentar as respostas às seguintes perguntas:

- Há quanto tempo e quão recente o produto foi à venda ao preço mais elevado em relação ao período em que é feita a comparação de preços? Ter um item à venda por alguns dias irá criar problemas, a menos que você o marque claramente como uma "compra especial". Note, no entanto, que uma "compra especial" só pode mostrar um preço.
- Você usou um tempo limitado ou termos especiais em torno de sua oferta? Afirmar falsamente que o produto só estará disponível durante um tempo limitado ou que os termos especiais para esse produto só estarão disponíveis durante um determinado período, com a intenção de persuadi-lo a tomar uma decisão imediata sobre a compra, é algo problemático.
- Quando os produtos são apenas procurados durante curtos períodos a cada ano, você faz comparações de preços com valores de referência dos produtos fora de época?
- As vendas significativas foram efetuadas ao preço mais elevado antes da comparação dos valores ou existiam expectativas razoáveis de que os consumidores comprariam o produto ao preço mais elevado?

O que muitos agora acharão surpreendente é que, ao responder a essas perguntas, as práticas que têm sido amplamente utilizadas pelas empresas durante muitos anos são agora consideradas no guia como "menos propensas a serem cumpridas" ou, em outras palavras, mais propensas a serem vistas como enganosas e como violações aos regulamentos do cput. O guia oferece assistência prática para aqueles que planejam campanhas de marketing e promoções de preços, por isso recomendamos que você obtenha uma cópia e a mantenha à mão.

Proprietários, concessões e fornecedores

Se pretende ter uma presença física, uma relação aberta, honesta e positiva com o seu locador será mutuamente benéfica para todas as partes. Quer tenha um contrato de locação ou uma licença de curta duração, é vital ter boas relações com o seu locador. Tradicionalmente, as lojas celebraram contratos de aluguel nas suas instalações. A locação é um contrato que promete ao locador que você vai pagar o aluguel pela duração do período. No entanto, as coisas estão mudando em todo o mundo desde a recessão de 2008. No clima atual, os proprietários são muito mais flexíveis sobre a forma como utilizam as suas propriedades porque são obrigados a pagar taxas de negócio (no Reino Unido) em propriedades que ficaram vazias durante mais de três meses. Os proprietários querem você e querem que o valor da propriedade (sobre o qual provavelmente há uma hipoteca) seja mantido. Nesse clima, é muito provável que eles escutem suas sugestões e tenham uma mente aberta. Se eles sabem como você está negociando – você pode deixar que eles saibam, enviando-lhes suas vendas mensais – é mais provável que deixem você espaçar os aluguéis caso esteja com dificuldades. Se as coisas continuarem difíceis, e eles permanecerem conscientes disso, podem muito bem manter os olhos abertos para encontrar outro inquilino e liberar você do contrato de aluguel. A questão-chave é a comunicação: você precisa do locador e o locador precisa de você.

Concessões

É possível que sua empresa seja convidada a abrir uma concessão em uma loja de departamentos. Está provado que é uma escolha popular para as marcas online seguirem esse caminho, portanto, você deve estar ciente dos termos do acordo de concessão. Efetivamente, a loja de departamentos é o seu "locador". A loja ocupará até trinta por cento das suas vendas spt e. A loja espera que você ajuste e que prepare o espaço às suas custas. Assim, a menos que o seu produto possa produzir margens de pelo menos 55 a 70 por cento, as concessões não são para você (ver figura 19.1). Normalmente, o contrato de concessão permitirá que o estabelecimento dê um aviso prévio de seis meses (e vice-versa) ao final do prazo inicial, em geral de dois anos.

Tenha muito cuidado para que a loja não tente encurtar esse período. Se o acordo original não prevê uma cláusula de rescisão desse tipo, então, certamente, não permita que a loja a introduza. Recentemente, uma grande loja de Londres tentou retirar uma concessão alegando um período de rescisão, mas falhou após uma decisão do Supremo Tribunal. Esse processo demonstrou que a apresentação de um pedido de medidas provisórias urgentes pode ajudar uma marca a defender a sua posição.

Os fornecedores valorizam a honestidade, lealdade, confiança e pagamento (nessa ordem)

Os fornecedores são a sua fonte de produto e, portanto, a sua fonte de lucro e a prosperidade do seu negócio. Construir e desenvolver relacionamentos, seja de fonte direta, agente ou dinheiro e carregamento, é vital. Naturalmente, se você é uma nova empresa startup, pode ser que peçam para que pague seus fornecedores antecipadamente, mas será tratado de forma muito justa quando o segundo pedido chegar e a confiança se desenvolver. Os fornecedores não gostam de ser ditados pelos grandes varejistas, que podem ser exigentes e desleais. Atualmente, muitos varejistas nacionais rotineiramente exigem que os fornecedores contribuam com milhões para novos ajustes de loja, disposição de produtos e suporte publicitário. Muitos também alongaram as condições de pagamento.

As pequenas empresas de produção ou distribuição muitas vezes não conseguem lidar com esse aperto e, por isso, estimam as relações com as pequenas e médias empresas. Por isso, são muitas vezes mais flexíveis e leais; eles gostam de fazer negócios com o setor independente. A relação é importante para ambas as partes, porque ter um grande número de clientes significa que os fornecedores podem repartir os seus riscos. Há muitos bons exemplos que ilustram isso. Dois bons são t y (os fabricantes dos bichos de pelúcia Beanie Babies) que se recusaram a vender aos "grandes" e, consequentemente, causaram um enorme impacto no Reino Unido e no mundo com a sua estratégia de independência, e Ted Baker, que construiu a marca com varejistas independentes que ainda hoje são cuidadas pela empresa.

Os distribuidores atacadistas e muitos fabricantes de produtos trabalham com margens estreitas, portanto, o fluxo de caixa é importante para o seu negócio. Um varejista, mesmo um pequeno, que paga corretamente, torna-se um cliente de confiança. Alguns atacadistas acompanham o histórico de pagamentos em seu software de gerenciamento de relacionamento com clientes e até mesmo avaliam os varejistas com base na rapidez com que pagam. Comerciantes com um bom histórico de pagamentos podem ganhar melhores preços ou, eventualmente, obter melhores condições. Como os fornecedores têm muitos clientes e vários relacionamentos a manter, também pode ser útil saber o que eles precisam do usuário. Alguns fornecedores necessitarão de documentação específica. Por exemplo, garantir que os fornecedores tenham os documentos adequados, entregues no canal preferido, pode acelerar o processamento de pedidos e um pedido pode ser enviado mais cedo. Depois de ter a reputação de pagar no prazo ou pagar quando promete pagar e fornecer encomendas no formato adequado e ser amigável e receptivo com os representantes do fornecedor, você pode esperar que o fornecedor lhe dê o que precisa. Quando se trata de comercializar o seu negócio, peça aos seus fornecedores que o avisem quando novas imagens de produtos estiverem disponíveis. Peça a permissão deles antes de usá-las e explique claramente onde quer usá-las. Isso será muito mais rentável do que organizar a sua própria sessão de fotos.

Questões a abordar à medida que desenvolve uma forte relação com o fornecedor

- Você definiu claramente seu plano de compra e produto? O seu fornecedor irá apreciar isso, pois prefere que os seus produtos se situem ao lado dos produtos complementares.
- Você compra de agentes ou diretamente da fonte? Se comprar de agentes por conveniência, tente não fazer isso. Se comprar diretamente da fonte, terá uma seleção maior e será capaz de estabelecer um relacionamento valioso.
- Você usa dinheiro vivo? Se sim, limite o seu uso ao essencial, pois a sua margem será afetada. Seria melhor começar a construir relacionamentos e estabelecer registros de crédito diretamente com os fornecedores o mais cedo possível.
- Você utiliza a experiência de seus fornecedores em merchandising e layout de loja? Os fornecedores têm ideias muito claras sobre a melhor forma de apresentar o seu produto e você pode fazer uso dessa experiência.
- Com que frequência você se comunica com seus fornecedores? Tente reunir-se regularmente (pelo menos com os seus cinco principais fornecedores) mesmo que nem sempre seja para fazer uma encomenda, mas simplesmente para discutir tendências, gamas e informações sobre produtos.
- Você analisa o desempenho financeiro de cada fornecedor junto com eles? Reserve um tempo para fazer isso regularmente.
- Você já solicitou suporte de seus fornecedores para eventos promocionais na loja e noites especiais com clientes? Mais uma vez, tire partido da sua experiência em áreas como essa.
- Alguma vez já pediu compras especiais de seus fornecedores? Quando você tem um bom relacionamento, isso pode ser feito, o que pode ser muito útil no momento da venda.
- Você explica a um fornecedor por que pretende parar de comprar deles se isso se tornar necessário? Você deveria, porque nunca se sabe, pode ser que precise deles outra vez. Saia em bons termos para que o relacionamento possa ser restabelecido quando for necessário para você.

- As condições de pagamento são muito importantes. Tente o seu melhor para negociar bons termos e negócios para garantir margens de lucro saudáveis e, é claro, cumpra os termos. Se não conseguir, avise-os.
- Tenha cuidado ao fazer um desembolso inicial em grandes volumes de estoque. Mesmo que tenha comprado a um preço com desconto, se ficar com um armazém cheio de produtos que não pode vender, terá cometido um erro dispendioso.
- Encontre fornecedores que possam vender exatamente nas quantidades que você precisa. Não seja forçado a comprar mais do que pode digerir.
- Seus fornecedores trabalham com mais alguém? Estabeleça como isso pode afetar o seu próprio comércio.
- Você pode fazer um novo pedido do estoque que se torna popular? É importante estabelecer isso para que sua loja possa acompanhar adequadamente a demanda para aproveitar ao máximo os itens mais populares.
- Você precisa garantir que seus fornecedores possam entregar quando afirmam que o farão. Não vale a pena receber o estoque de Natal depois do Natal – se eles não cumprirem os compromissos e não fornecerem bens quando você pedir, será necessário enviá-los de volta!

ESTUDO DE CASO SHERRY ROBERTS CEO E FUNDADORA, THE LONGEST STAY

Ex-aluna do programa de MBA Executivo Kellogg-WHU, essa americana moradora de Londres sempre teve um talento para o negócio. Sherry abriu uma agência de viagens em seu dormitório na universidade, iniciou sua carreira em telecomunicações e já havia viajado para mais de cinquenta países aos trinta anos. Mas a sua paixão sempre foi baseada na criatividade e nos interiores – sem dúvida porque ela foi educada desde muito cedo para apreciar arte, mobiliário e roupas finas. Roberts viajou muito e, depois de dois anos de pesquisa por toda a Europa, estudando as tendências de mobiliário, visitando feiras comerciais e compreendendo as novas formas como os hotéis eram mobiliados, ela percebeu que muitas pessoas gostariam de ser capazes de comprar os móveis ou obras de arte com que viveram temporariamente, ali e depois disso.

Roberts descobriu rapidamente que encontrar essas peças online era difícil, então se tornou óbvio para ela construir um site que agrupasse esse gênero de mobília, iluminação e acessórios para casa, facilitando o processo de compra para os clientes. O desafio então, como o dinheiro estava apertado, era reunir uma equipe ao seu redor. Inicialmente, ela optou por empregar estudantes que queriam ganhar experiência de trabalho para ajudar a alcançar seu diploma, mas ela precisava de continuidade, pois esses estágios duravam apenas alguns meses.

Roberts queria angariar fundos para financiar uma pequena equipe de profissionais em tempo integral, quando foi apresentada a Rowland Gee, um dos autores deste livro. As faíscas do negócio realmente começaram a voar, e ele trouxe uma nova visão para confirmar as questões que Roberts já sabia que precisavam ser corrigidas. Eles incluíram a importância das habilidades de fornecimento, melhor diligência sobre onde mais os produtos estavam sendo vendidos e a que preços. Gee enfatizou a importância do endosso de Roberts a todos os produtos encontrados no site. Esse endosso deixa claro que Roberts selecionou pessoalmente cada item, e também é onde Roberts adiciona informação extra sobre a peça, dando uma dica de estilo e uma ideia de design de interiores. Achamos que a The Longest Stay está em um ponto ideal no mercado de luxo da "casa" e isso ajudará o negócio a crescer internacionalmente. Roberts também construiu excelentes relacionamentos com fornecedores internacionais e visita feiras constantemente para garantir sua atualização com as tendências. E o marketing online da The Longest Stay é impecável.

Algumas pessoas entendem, outras não. Acreditamos que Sherry Roberts entende.

17

Compreendendo o comportamento dos clientes e a sobrecarga de informação

A necessidade de realçar o produto, torná-lo visualmente atraente e com o preço corretamente posicionado

Pontos-chave

Compreenda o comportamento dos seus clientes

Reconheça que o seu cliente é sofisticado e astuto

Mantenha a sua oferta clara e com preços acessíveis

Pesquise, pesquise, pesquise

Comportamento de compra do cliente

Sabemos que o caminho que o cliente percorre, tanto na loja quanto online, envolve oito passos fundamentais:

- consciência;
- envolvimento;
- comparação;
- consideração;
- compra;
- consumo;

- construção de relacionamento;
- recomendação.

Três quartos dos consumidores atuais descobrem produtos online e por meio de comentários. Uma proporção semelhante é influenciada pelo valor, confiança, qualidade e serviço. Além disso, 74 por cento dos millennials mudariam para um varejista diferente caso o atual tivesse um serviço de atendimento ao cliente deficiente e 64 por cento de todas as faixas etárias permanecem leais, desde que a marca ofereça um bom custo-benefício. Mais de cinquenta por cento de todos os consumidores dizem que a confiança numa marca é absolutamente fundamental. Então, acerte em todos os componentes, ganhe a confiança e continue ganhando.

Como sabemos, a forma como os consumidores utilizam a internet e as redes sociais, atualmente, significa que estão muito bem informados. Os sites de comparação significam que os clientes podem verificar características e opções dos produtos e discutir as suas opiniões com outras pessoas. Uma grande quantidade de detalhes do produto está disponível para os consumidores atualmente. Por exemplo, alguns sites fornecem informações que podem estar relacionadas com as características éticas ou ecológicas de um produto; essa é uma consideração importante para muitos clientes e, por vezes, pode até ser o fator determinante na decisão de compra. Quando você está terceirizando seus produtos, é essencial que eles possam ser submetidos ao escrutínio – os clientes não pensarão duas vezes sobre interrogar nas mídias sociais e avaliar as boas e más experiências! Se a sua empresa tem presença nas redes sociais (o que deveria ser o caso), analise os comentários feitos sobre ela com cuidado e regularidade. O cliente está mais capacitado do que nunca. Essa é uma oportunidade, mas também uma ameaça. Você pode aprender a reagir a partir da opinião que é dada livremente.

Outro ponto a salientar sobre os atuais hábitos de compra é que o cliente atual está preparado para misturar valor e luxo. Por exemplo, ele pode usar um supermercado de baixo custo para a maior parte de sua compra semanal de alimentos, mas comprar algo diferente no final de semana em uma *delicatessen*. O consumidor de hoje vai combinar uma camiseta comprada em um *outlet* com um par de jeans de grife. Os clientes já não têm um senso de lealdade duradouro. Eles, muitas vezes, têm pouco tempo e, cada vez mais, fazem suas compras online de acordo com sua conveniência. Também combinarão todas as opções atuais de varejo à sua disposição: lojas locais, lojas de outras cidades, supermercados, lojas independentes, boutiques, lojas online, mercados, lojas de departamentos e lojas de caridade. O clima econômico transparente dita que o seu modelo de preços deve estar cem por cento de acordo com as expectativas dos clientes. Se não fizer isso, os clientes te abandonam e começam a procurar em outro lugar. Os clientes estão gastando sabiamente, e todos têm o seu próprio conjunto de ideias sobre o que significa "valor" para eles. Estão baseando suas decisões de compra no que acreditam que o produto ou serviço vale para eles.

Os clientes são facilmente capazes de fazer comparações, por isso, a mensagem da sua marca precisa ser clara e simples. Para torná-la memorável, e para mostrar rapidamente em qual setor do mercado você é único, é preciso que se concentre no que está vendendo para que seja fácil de entender e lembrar. É um erro tentar ser "todas as coisas para todas as pessoas". As suas vendas se beneficiarão de um estreitamento da sua proposta. É preciso ser simples, claro e irresistível. Quando confrontados com muitas possibilidades, os consumidores recuam para o que estão familiarizados e para o que faz sentido para eles de forma rápida e fácil. A nova geração de lojas, lojas de departamento e sites agora são resultado de "curadoria" e não de estoque.

Por mais irônico que possa parecer, muitas lojas de departamentos persistentes estão assumindo a aparência de museus antiquados, enquanto os grandes museus atuais não só estão se tornando brilhantes em mostrar e iluminar suas exposições, mas também se tornaram grandes varejistas por causa de suas lojas artisticamente projetadas, inteligentemente dispostas e belamente apresentadas. Confiança é atraente, autoridade é energizante e humildade é cativante. Seus clientes vão captar essas emoções subliminarmente e responder com entusiasmo à sua proposta. Tentamos capturar esses pontos usando este acrônimo de fácil memorização: ro cc.

ROCC

Respeito é não bombardear o seu cliente com muita informação. Isso se aplica a e-mails "incômodos".

Ordem é a forma lógica de organizar a loja e o site.

Calma é uma loja bem arrumada, com música apropriada e um site que é "calmo" para se ver e comprar.

Clareza é o fato do seu cliente entender rapidamente a sua proposta de produto.

Nunca deixe de perguntar a si mesmo, à sua equipe e aos seus clientes se o seu produto é melhor e mais interessante do que o do concorrente. Você deve saber por que seus clientes preferem comprar apenas com você. Pergunte a si mesmo se está criando a melhor experiência que seus clientes simplesmente não conseguem encontrar em nenhum outro lugar e se está desafiando a si mesmo. Se não, os seus clientes certamente o farão. Maya Nussbaum, fundadora e diretora executiva da Girls Write Now, reforça esse ponto dizendo que "um varejista é alguém que reconhece a necessidade e apresenta uma visão para satisfazê-la. Uma empresa sustentável mantém a qualidade elevada, satisfaz novas necessidades e inova".

ESTUDO DE CASO TED BAKER

Ray Kelvin CBE, fundador e CEO da Ted Baker, tinha uma ideia muito boa do que queria fazer na vida quando começou a trabalhar, aos sábados, na loja de moda masculina de seu tio em Londres. Isso foi em 1966, e as regras de música, moda, beleza, comida e design de casa estavam sendo desafiadas e quebradas em todos os lugares, com Londres liderando o ranking mundial. Essa mudança massiva na visão e na aceitação de novas ideias causou uma grande impressão em Kelvin.

Depois de deixar a escola, trabalhou para várias empresas, especialmente nas áreas de design de produto e marketing. Ele escutou, aprendeu e percebeu cedo que desenvolver uma marca *private label* significava mais segurança de produto e uma oportunidade de criar desejo. Em 1988, aos 33 anos, abriu sua primeira loja em Glasgow. A sua abordagem, naquela altura, era única. (Não havia rede mundial de computadores, a internet só entrou em funcionamento em 1991 e a venda transacional não decolou até o século XXI.) Ele se propôs a criar sua marca através das rotas de varejo e atacado. Sua estratégia inicial era abastecer apenas o inovador comércio independente de moda. Ele percebeu que esse setor era formado de influenciadores que queriam e precisavam de novas coleções. Referiu-se a esse grupo de empresas como administradores conselheiros, ou seja, administradores conselheiros da sua marca.

O que podemos ver pela abordagem de Kelvin é a determinação de desenvolver sua marca mais amplamente ao ser visto em lojas que representavam sua própria visão individual de moda. Ele reconheceu e acompanhou o comportamento de seus clientes, as faixas de preço que eram aceitáveis para eles e se concentrou nos negócios que vendiam para esse grupo. Foi uma tática brilhante, uma vez que os "administradores" espalharam o conhecimento da marca Ted Baker por todo o Reino Unido. Essa abordagem é um exemplo claro de como Kelvin pesquisou cuidadosamente o mercado e não permitiu que sua estratégia de construção de marca fosse diluída e comprometida por aqueles que não compartilhavam sua visão. A equipe que o rodeava nesse momento era pequena e intensamente leal. A lealdade veio porque Kelvin confiava neles, os ouvia e os fazia se sentir cem por cento envolvidos.

Quando Kelvin conheceu o autor Rowland Gee, então CEO da Moss Bros Group no Reino Unido, em meados da década de 1990, Ted Baker desenvolveu uma nova direção: a alfaiataria. Gee convenceu Kelvin a produzir ternos masculinos. Até então, Ted Baker era uma marca informal, mas Gee insistiu que todas as grandes marcas de roupa masculina precisavam de um terno. Na maneira única do Kelvin, ele criou uma marca chamada "Endurance". O Endurance não seria um terno masculino comum – ele incorporaria no tecido a mais recente tecnologia sem-vinco, incluiria bolsos internos exclusivamente para celulares (agora famosos) e teria passagens escondidas para os cabos dos fones de ouvido. Esse produto manteve o espírito de design da Ted Baker e conquistou o mercado de ternos – e continua conquistando até hoje. Pouco tempo depois, a Ted Baker lançou a categoria de moda feminina, que agora é responsável por sessenta por cento das vendas totais da Ted Baker. O licenciamento internacional seguiu em áreas incluindo óculos, perfumes, tecnologia, cabelos e calçados (recentemente produzidos internamente) que garantiu ainda mais a força da marca, sustentando e atendendo às expectativas dos clientes.

A história de Kelvin é sobre reinvenção constante, inovação e esforço em equipe. Com o site da Ted Baker apoiando o crescimento internacional e um foco incansável em produtos e design, com o uso inteligente das mídias sociais e a atenção dada a seus clientes e equipe, a marca se tornou um verdadeiro concorrente das grifes de roupas e estilo de vida mais conhecidas do mundo. E tudo começou por ele trabalhar aos sábados.

Kelvin é um excelente exemplo de foco, determinação, adesão aos princípios e estar aberto às pessoas.

ESTUDO DE CASO VAGABOND

Reconhecer que o seu cliente é sofisticado e astuto e, portanto, priorizar a necessidade de manter a sua oferta clara e cuidadosamente cotada são qualidades muito bem demonstradas pela Vagabond, fundada por Stephen Finch há oito anos. A sua ideia e missão era abrir bares de vinho nos quais os clientes pudessem se servir, provar e depois pagar pelas suas escolhas de vinho com um cartão recarregável. Finch criou uma experiência e um ponto de encontro que um público específico adorava. As pessoas podem mover-se pelos bares e provar uma grande variedade de vinhos a preços acessíveis, trocar ideias e pensamentos e, em geral, se divertir um pouco. Finch contratou uma equipe experiente que aconselha e interage com os clientes. Essa inovadora startup tem sido tão bem-sucedida que, após um discurso, a Imbiba, uma empresa de investimentos especializada no mercado de lazer e hospitalidade do Reino Unido, investiu £3 milhões para ajudar a financiar a expansão da Vagabond. Um pouco como Harry Gordon Selfridge, que abriu sua loja para todos na virada do século XX, Finch queria remover a pomposidade encontrada em muitas degustações de vinhos. Os seus bares e adegas permitem que todos experimentem e descubram a bebida, sem pressão, e de forma informativa e descontraída.

É uma ideia simples, mas muito bem executada. Finch precisava garantir que tinha acesso aos vinhos que queria e depois verificar se podia vendê-los a um preço competitivo que deixasse margem suficiente para poder alugar uma loja na rua principal. A Vagabond é um excelente exemplo de definição do mercado-alvo e posterior entrega do que esse mercado deseja. Muitas startups acreditam que podem manobrar o usuário final para o que a empresa deseja, em vez de entregar o que o cliente deseja. Pense sempre através dos olhos e mentes do consumidor. Não é nenhuma surpresa para nós que a Vagabond foi capaz de atrair investimentos para uma maior expansão. Finch nunca perdeu de vista a margem possível e alcançável, as obrigações de custos fixos e os custos com pessoal. Pode ter certeza de que a Imbiba examinou esses centros de custos muito cuidadosamente antes de investir, por isso, aproveite a importância de um planejamento cuidadoso e antecipação das áreas em que será examinado caso procure financiamento.

18

Maximizando o feedback do cliente e a experiência visual

Pontos-chave

Certifique-se de que a mensagem da sua marca é clara e compreendida

Preste muita atenção às suas vitrines e página inicial

Mantenha o interior e exterior da sua loja em perfeitas condições

Um mercado saturado

Como um negócio de varejo se destaca num mercado cheio de gente e se diferencia num mercado cada vez mais competitivo? Em tempos desafiadores e de baixa inflação, uma empresa precisa maximizar e apresentar os seus pontos de venda exclusivos por meio do seu produto, da forma como ele é comercializado, do quão bem ele é exibido e das pessoas que o apresentam e explicam. Esses princípios fundamentais são tão importantes online como na loja física. Uma empresa de varejo hoje, independentemente do tamanho, precisa comunicar sua oferta de produtos de forma rápida e clara, tanto externa quanto internamente. É mais fácil falar do que fazer. A paciência e a atenção ao cliente diminuíram drasticamente nos últimos anos. Ferramentas analíticas online demonstram isso claramente por causa do tempo gasto em um site e em suas páginas. É assustador ver a rapidez com que as escolhas dos clientes são feitas. O cliente de hoje está habituado a receber (e espera receber) dados e informações, no formato digital e de áudio, em segundos. As mesmas expectativas aplicam-se à rua principal. Os empresários precisam ter consciência disso e olhar para si próprios com atenção. Se uma empresa reconhece que a primeira impressão das vitrines, a experiência na entrada, a oferta de produtos e o posicionamento são os fatores que fazem com que o cliente entre, permaneça ou saia, então essa empresa vai sobreviver.

Pontos a serem considerados

- Certifique-se de que os seus clientes compreendem e "entendem" rapidamente a sua oferta.
- A sua empresa deve comunicar visual e fisicamente o produto que vende.
- Coloque em prática um sistema para testar a compreensão e a reação de seus clientes à sua proposta.
- Certifique-se de que o seu *site* funciona de forma eficiente; ele indicará aos consumidores que a empresa está "sempre aberta".

ESTUDO DE CASO COTSWOLD TRADING COMPANY

A premiada loja de presentes Cotswold Trading começou em 1992 como uma pequena loja na Broadway, em Worcestershire. Nos primeiros anos, a empresa familiar ofereceu uma seleta gama de presentes e utilidades domésticas a partir de instalações compactas. Desde o início, eles controlaram cuidadosamente o seu estoque e analisaram meticulosamente os produtos bons e maus de venda. O negócio cresceu em confiança quando perceberam que a gama de produtos que estavam vendendo estava atendendo às expectativas de seus clientes. Em 1998, o negócio foi transformado pela adição de uma extensão na parte de trás da propriedade, proporcionando uma abundância desse espaço de armazenamento para apoiar o negócio, tanto na loja física como online. A gama de produtos ganhou uma aparência mais contemporânea com produtos indispensáveis e inspiradores e coleções diferentes para transformar a casa e o jardim em um lugar verdadeiramente especial.

Coleções de marcas como Garden Trading, Cath Kidston, Voyage Maison e designers de boutiques independentes como Powder Design, Bronte by Moon e Dash & Albert são exibidas em áreas próprias. A Cotswold Trading nunca olhou para trás. A loja agora se tornou um destino único para compra de presentes e artigos domésticos, atraindo moradores locais e visitantes de todo o mundo, e o site apresenta as centenas de linhas de presentes mais vendidas da empresa. Ele se tornou um ímã para os clientes que precisam de soluções de presente para todas as ocasiões, sem nunca ter que sair de casa.

Compreendendo o seu cliente

A fim de melhor responder à demanda e às expectativas dos clientes, você precisa saber regularmente o que eles pensam sobre seu estoque e sua empresa. A captura de dados específicos de vendas é imperativa e fará com que o seu dinheiro seja gasto de forma sensata, com conhecimento e confiança. A frase "o cliente é quem manda" é um clichê, mas continua sendo verdade. A diferença é que o concorrente já não é mais a loja do fim da rua: é todo o mercado de varejo.

Realizar pesquisas de cliente oculto ou pesquisas online são métodos baratos e podem ser muito úteis. Outra forma eficaz de obter feedback dos seus clientes é por meio dos programas de fidelidade. Pense em organizar noites de vinho em uma loja para lançar uma nova temporada de produtos que chegaram ao estoque ou uma prévia da pré-venda. Esses eventos funcionam. Clientes genuínos são generosos com as suas opiniões e você deve informar que o feedback é bem-vindo, quer sejam clientes ou não.

Se você emprega pessoas ou pretende fazer isso, assegure-se de envolvê-las regularmente, compartilhando o feedback dos clientes. Realize uma reunião mensal fora do horário comercial para discutir o que a sua equipe aprendeu no chão da loja. Tente entender por que as pessoas não fazem compras com você, bem como por que fazem. Pergunte à sua equipe o que acham da relevância da sua proposta e como ela pode melhorar. Realize sessões semestrais de Pontos Fortes/Fraquezas/Oportunidades/Ameaças (swot) (abordamos esse ponto em detalhes no capítulo três). Todos devem tomar parte nisso para obter um novo senso amplo de como o negócio está progredindo. Em seguida, escreva e divulgue os pontos-chave que aprendeu com os colegas. Faça uma anotação na agenda para dar seguimento às sugestões e observações. Isso não apenas é valioso como registro, como também motiva os participantes a continuar ouvindo e compartilhando informação, melhorando assim a relação com os clientes.

Do lado de fora, olhando para dentro e exibindo o seu melhor lado

Sua vitrine da loja e sua página inicial do site são seus primeiros mecanismos de venda. Isso já foi dito muitas vezes e continua sendo verdade. Quantas vezes você já passou por um restaurante e não entrou porque, por acaso, a iluminação era muito brilhante, o chão parecia sujo, o pessoal da sala de espera parecia entediado, o interior parecia ruim e o menu estava descascando na janela? Você tomou uma decisão sem nem provar a comida. Nessa situação, devemos sentir pena do chef, porque ele ou ela pode ter feito um esforço extraordinário para comprar e preparar uma comida deliciosa, mas os clientes estão se afastando do restaurante devido às suas impressões iniciais.

O ambiente, ou a primeira impressão, tornou-se a mensagem. O seu cliente tomará uma decisão semelhante sobre o seu negócio em dois segundos. As primeiras impressões não irão deter o cliente que já o conhece bem, mas lembre-se que o seu negócio está sempre à procura de novos clientes que nunca visitaram a sua empresa antes.

Quando estiver satisfeito com o fato de que o produto que você comercializa preenche um nicho relevante no mercado e aquele em que sente que pode ganhar dinheiro e que seus clientes e equipe entendem e apoiam sua proposta, você deve voltar seu foco para o layout físico de sua loja e da experiência de compra dentro dela.

Você não precisa procurar muito longe para encontrar exemplos de layout internos excepcionais que mostram os produtos da melhor maneira possível. Algumas das empresas que pensamos que conseguem isso incluem Whole Foods, Uniqlo, Burberry, Anthropologie, Pottery Barn, The White Company, Zara, Chanel, Pret a Manger, Cotswold Trading, Louis Vuitton, Gail's Artisan Bakery, Selfridges, lojas de museus e ShopDisney. Essas empresas utilizam seus layouts de loja para proporcionar experiências de compra de alta qualidade e valor e demonstrar propostas claras. Os padrões empregados são transportados para seus sites. As pequenas empresas, muitas vezes, não desfrutam do luxo do espaço e podem estar inclinadas a encher-se de mercadorias para as quais há pouco espaço na área física. Na verdade, isso afasta os clientes. O processo de editar ou fazer uma curadoria na sua oferta de produtos e permitir "espaço para respirar" é fundamental. Lembre-se, o cliente do século XXI é amplamente viajado, vê o melhor e descarta o pior do layout e exibição internos. Mesmo que não tenha o equipamento mais recente para mostrar o seu produto, tenha certeza que uma loja desinteressante e empoeirada ou um site que mostre um estoque "esgotado" irá afastar o seu cliente. Dê sempre vida ao seu produto com *displays* internos bem pensados e iluminação direcional penetrante. (Lembre-se em particular que a iluminação fluorescente, embora barata, tira a cor do produto!) Mesmo as melhores lojas como a Louis Vuitton estão constantemente revendo e desafiando os seus layouts e o formato mais recente em Paris.

"O meio é a mensagem" é uma frase cunhada por Marshall McLuhan, introduzida em seu livro mais conhecido, *Understanding Media: The Extensions of Man*, de 1964. Isso significa que a forma de um meio se incorpora na mensagem, criando uma relação simbiótica, por meio da qual o meio influencia a forma como a mensagem é percebida. Uma relação simbiótica ou interativa reúne duas partes, em que cada uma depende da existência e perfil da outra. Por exemplo, essa relação existe em um estande de conserto de sapatos que armazena produtos para polimento, *shoe trees*, cadarços e outros produtos complementares. Esses produtos precisam uns dos outros. A frase "o meio é a mensagem" foi exemplificada quando a fotógrafa mundialmente famosa Annie Leibovitz reuniu o James Bond original, sir Sean Connery, e a Louis Vuitton para uma campanha publicitária. Outro grande exemplo do meio que sustenta a marca é a empresa britânica Rapha, que abriu lojas ou "*clubhouses*" na Europa, América do Norte e Ásia. Nas casas, eles organizam passeios noturnos guiados em grupo. Eles organizam painéis de discussão e workshops, ou você pode apenas desfrutar do excelente café do clube. Paul Smith está projetando uma nova coleção de roupas de ciclismo para Rapha, e as mais recentes bicicletas Brompton podem ser alugadas para um passeio de teste.

Considere cuidadosamente o aspecto e a manutenção da sua loja – a fachada, as vitrines e a entrada. Use o checklist a seguir para garantir que você está cobrindo o essencial.

Cobrindo o essencial da manutenção da loja

- Busque simplicidade, clareza e estilo, independentemente do que e de onde você venda.
- A proposta deve ser clara, menos é mais e sempre "conte uma história".
- A mercadoria deve ser apresentada de forma atraente e sempre bem iluminada.
- Os cenários devem ser relevantes para o *display*, limpos e organizados.
- Se estiver exibindo peças de vestuário, o acessório deve receber tanta atenção quanto as roupas.
- Ao exibir produtos elétricos, o detalhe e a precisão do produto devem ser respeitados no *display*. Para um exemplo de boa prática, considere como a John Lewis ou a Apple exibem pequenos itens elétricos, porcelana, brinquedos, bolsas etc., fornecendo ao cliente amplas informações.
- Ao exibir presentes, dê a cada categoria seu próprio espaço dedicado.
- Os alimentos devem ser sempre exibidos em categorias especializadas. Para exemplos fantásticos, dê uma olhada na Whole Foods.
- Limpe a persiana, se tiver uma, bem como o painel, as janelas e a porta dianteira todos os dias.
- Certifique-se de que nada esteja colado à janela ou à porta, a menos que seja um sinal devidamente laminado ou um adesivo (transferência).

- Todas as placas (por exemplo, com horário de funcionamento) devem estar dentro do vidro e certifique-se de que o endereço do seu site esteja ao nível dos olhos.
- Verifique se todas as superfícies externas estão pintadas e se foram limpas recentemente.
- Verifique se todas as luzes do painel estão funcionando, bem como o seu sinal de projeção (se for elétrico).
- Verifique se o teto está limpo; remova todos os ganchos não utilizados.
- Verifique se o chão está limpo: moscas mortas não!
- Se usado, manequins devem estar limpos: sem cabeças lascadas ou braços colados!
- Os manequins devem ser posicionados corretamente.
- Se usadas, peças de metal, mesas, superfícies ou adereços devem estar limpos.
- As etiquetas de preço (se utilizadas) devem estar apresentadas de forma clara e correta! As etiquetas escritas à mão desbotam, por isso devem ser substituídas regularmente.
- Lance um olhar crítico sobre a sua vitrine todos os dias e mude a cada duas semanas, mesmo que você substitua pelo mesmo produto. Ela deve parecer nova.
- Peça a um fornecedor, de vez em quando, para montar a sua vitrine. Eles geralmente estão ansiosos para fazer isso e podem muito bem fazê-lo gratuitamente.
- Certifique-se de que o pavimento exterior e o tapete da porta estejam limpos (sem marcas de chiclete).
- Certifique-se de que a loja esteja limpa, inclusive as paredes, e aspire o teto.
- Assegure-se de que os acessórios, o caixa, as prateleiras e as superfícies de trabalho, incluindo todas as peças de metal, estejam limpos.
- Certifique-se de limpar e direcionar corretamente todas as luminárias do interior da vitrine e da loja e veja se todas as lâmpadas estão funcionando.
- Certifique-se de que apenas as informações essenciais sejam exibidas pela caixa registradora e pela máquina de cartão.
- Música audível e apropriada, se utilizada.
- Parede bem planejada atrás do ponto de pagamento. Sem mensagens coladas com fita, em lugar nenhum!

- Equipe bem apresentada.
- Provadores e espelhos, se necessários, limpos.
- Bancos e ganchos de parede nos provadores.
- Todas as superfícies pintadas devem ter manutenção regular.

Como temos recomendado muito, uma empresa atualmente, independentemente do tamanho, tem de apresentar e comunicar de maneira clara o seu produto, externamente, internamente e online. Há muitos exemplos escritos e online sobre a questão da vitrine, do *merchandising* visual e do design de página inicial do site que você pode querer explorar. Para inspiração sobre como configurar e projetar seus *displays*, navegue pelo Pinterest ou Instagram.

ESTUDO DE CASO BLUE BY JAN PARK

Fundada há mais de 16 anos, a Blue by Jan Park é uma pequena loja de departamentos baseada num edifício de três andares na antiga cidade de Shifnal, em Shropshire. Como chefe do fórum de negócios de Shifnal e proprietária/gerente da Blue, Jan Park é uma profissional de varejo apaixonada, de mente aberta e com visão de futuro. Quando se deu conta, há alguns anos, que a mentoria estava disponível, ela decidiu contratar a Grey4Gold, a empresa de mentoria de Rowland Gee.

Depois de uma carreira de sucesso como professora universitária de arte e design, Park mudou-se para o varejo há alguns anos, mas seu profissionalismo e paixão pelo negócio ainda arde de forma igualmente brilhante. A Blue já está sendo utilizada como um centro não oficial de excelência no varejo e é possível ver o porquê. Park ouve os seus clientes e eles respondem. Tal como muitos dos varejistas da cidade, Park é incrivelmente conhecedora e apaixonada pelo que faz, mas está igualmente ciente de que a Blue é um negócio e precisa ser rentável. Ela se sente tão confortável falando sobre margem e lucratividade quanto sobre as últimas tendências.

Quando conhecemos Park em sua linda loja, ela disse: "As pessoas simplesmente não reconhecem a amplitude de habilidades e experiência que você precisa para administrar um negócio de varejo bem-sucedido. É uma profissão, e você precisa tratá-la como tal se quiser ter sucesso. Ter um mentor experiente no varejo para me apoiar, mesmo que apenas para me assegurar de que eu estava fazendo tudo certo, foi inestimável". Ao visitar a Blue e ouvir de Park como ela aborda cada aspecto de seu negócio, foi possível ver por que ela é tão bem-sucedida.

Pensamos que a Blue está acertando ao criar uma "experiência" – incentivando os clientes a gastar tempo e não necessariamente dinheiro nas suas instalações. Cantinho de sorvete, cafeteria, galeria de arte e exposições regulares criaram um destino amigável para os locais e visitantes da área. Park está sempre verificando as vendas que ela recebe em várias categorias para garantir que cada categoria exerça seu peso. A Blue trabalha arduamente para obter os seus produtos do maior número possível de fabricantes britânicos e certificados pelo Fairtrade ou que tenham origem ética. A loja tem uma série de marcas conhecidas ao lado de muitos designers pequenos e independentes. A The Thread é uma boutique feminina dentro da Blue, na qual muitas das roupas são confeccionadas na Grã-Bretanha e todas elas são eticamente produzidas e feitas de tecidos naturais. Esse é outro excelente exemplo da famosa frase de McLuhan que introduzimos anteriormente no capítulo.

19

Merchandising visual – Gerenciando o desempenho do espaço, o layout e a venda complementar para incentivar a compra

Pontos-chave

- Calcule o desempenho do espaço da sua loja
- Use a análise para determinar onde posicionar fisicamente os seus produtos
- Entenda a venda complementar e o feedback
- Obtenha feedback dos clientes para melhorar constantemente a sua loja

Medição e análise do desempenho do espaço e das vendas complementares

Como calcular o desempenho do espaço

No início do livro, discutimos a importância de controlar e analisar a "compra". É imperativo compreender a importância de medir o desempenho do produto no espaço dedicado a ele no interior da loja e online. Usando a análise dos dados de vendas apresentada no capítulo quinze (figura 15.1), o desempenho consiste em dar espaço suficiente à mercadoria que está vendendo bem e não permitir que um produto de venda fraca ocupe muito espaço. Se dez por cento do espaço de uma loja é reservado para cartões, por exemplo, então as vendas em dinheiro devem corresponder a isso.

Digamos que uma loja retangular tem aproximadamente noventa metros quadrados de área útil, medindo seis metros de largura por quinze metros de profundidade. Ela tem duas paredes laterais e uma parede de fundos. As paredes laterais medem 2,5 metros de altura por quinze metros de comprimento (isso é chamado de espaço linear). As duas paredes totalizarão, portanto, 75 metros quadrados. A parede dos fundos tem seis metros de largura por 2,5 metros de altura, o que equivale a quinze metros quadrados. Ao todo (combinando os noventa metros quadrados de área útil mais 37,5 metros quadrados de capacidade para paredes laterais e quinze metros quadrados de capacidade para paredes traseiras) a loja tem 180 metros quadrados de espaço "expositivo ou utilizável".

Nenhuma loja usa todo o seu espaço, claro. Há portas, pontos de pagamento, áreas de exposição, provadores (se necessário) e espaço reservado para levar em consideração. Digamos que essa loja terá, portanto, 140 m^2 de espaço "expositivo e utilizável" restante após a dedução desses outros requisitos.

Se a loja tem um acessório de parede para exibir velas aromáticas que mede 3 metros de comprimento por 2,5 metros de altura, o total será de 7,5 metros quadrados, ou pouco mais de cinco por cento dos 140 m^2 disponíveis. Se as velas representam cinco por cento das vendas anuais, isso é ótimo. Se, no entanto, representarem quinze por cento das vendas, compre mais velas e reserve um espaço maior para elas; se representarem menos de cinco por cento das vendas, reduza o espaço atribuído a esse produto.

Em termos simples, deve existir uma relação direta entre a quantidade de espaço de exposição ou de instalação atribuído a um produto e a quantidade de vendas realizadas por esse produto nesse espaço. Reserve um tempo para estudar essa relação na sua loja usando os dados. É uma forma de verificar duas vezes o desempenho do produto, e isso irá ajudá-lo a refinar e definir o que vende e o espaço reservado para ele. Isto é desempenho de espaço. É utilizado pelos varejistas mais sofisticados para medir todos os níveis de desempenho e também será utilizado para julgar a contribuição das concessões das lojas.

Como saber onde colocar o seu produto

Após analisar o desempenho do espaço daquilo que vende, você estará numa posição muito melhor para decidir onde o produto deve estar posicionado fisicamente. Isso se aplica também à disposição de produtos num site. Alguns varejistas decidem colocar produtos de venda "quente" em locais secundários para que outros itens de venda mais lenta possam ser vistos mais cedo. Essa abordagem é boa, desde que o desempenho do produto popular não sofra como resultado. Os clientes gostam de mudança e "frescor", mas não gostam de se sentir confusos. Se, por exemplo, estiverem habituados a ver acessórios de moda num determinado local e o *display* tiver sido deslocado, eles poderão não procurar no novo local. O que realmente importa, no entanto, é a análise da performance espacial. Certifique-se de manter o trabalho de dados para verificar se o desempenho de um produto não foi afetado pela realocação física dele. Essas análises devem ter precedência sobre uma intuição subjetiva – os números são um reflexo direto do que o seu cliente lhe diz mediante o que compra e o que deixa na prateleira.

Compreenda o valor da venda complementar

A venda complementar, numa loja física ou online, tem tudo a ver com a confiança naquilo que se vende. O desenvolvimento da confiança é ajudado consideravelmente não apenas pela implementação de análises de estoque e vendas, mas também pelas reuniões informais (fora do horário de trabalho) que você realiza com as pessoas envolvidas no negócio. Envolver a equipe é absolutamente essencial em qualquer empresa, independentemente do tamanho.

A venda complementar, também conhecida como *upselling*, representa uma fonte de vendas e lucros adicionais significativos para cada empresa ou empreendimento que adota essa abordagem. Todos nós compramos itens na Amazon e, antes mesmo de fazermos o *checkout*, produtos surgem como complementares sugeridos para nossa compra. Mesmo pequenas empresas podem integrar muitos recursos em um site transacional, com produtos complementares sugeridos. É possível, usando um programa de *software* como o Magento, definir regras automatizadas para determinar quais os produtos a serem apresentados como opções de venda adicionais em conjunto com a seleção original de cada cliente. As regras são facilmente administradas por meio de uma ferramenta que lhe permite escolher sugestões de produtos, aumentando assim as vendas e os valores médios das transações. Pouquíssimas plataformas alternativas lhe dão o poder de criar a sua própria experiência de compra com eficiência.

Outros benefícios disponíveis nessa plataforma, em particular, incluem a capacidade de criar rapidamente um site desenvolvido para cada tipo de dispositivo. Os temas permitem que você ajuste a aparência dos menus, imagens, carrinhos de compra e outros recursos, garantindo que sejam fáceis de usar e facilmente personalizados para atender à sua empresa. Você também pode trabalhar em maneiras de aumentar as vendas mediante a classificação de produtos por best-sellers, novos estilos, cor e assim por diante.

Quando se trata de vendas complementares em uma loja física, envolver-se em conversas é muito importante. O simples reconhecimento dos clientes é mais importante do que você pensa e é cada vez mais raro. Não comece com "Posso ajudá-lo?", pois quase sempre provoca uma resposta negativa. Na verdade, é muito melhor apenas dizer bom dia ou boa tarde e depois continuar a explicar o novo produto que chegou. Naturalmente, se você se envolver, conhecer tudo sobre seu estoque e for capaz de falar com conhecimento sobre características específicas ou benefícios do produto, vai impressionar seu cliente e não vai passar a impressão de uma "venda forçada". Tente tratar cada cliente de uma forma aberta e honesta. Quando estabelecer uma relação confortável, você pode começar a introduzir produtos que complementam a escolha original ou área de interesse dele. Isso é serviço. Os grandes operadores de lojas, que não empregam as pessoas para prestar esse tipo de serviço pessoal, posicionam cuidadosamente os produtos que acreditam que podem ser adicionados a uma compra original. É a tentativa deles de aumentar as vendas.

Figura 19.1 Modelo de concessão

Qualquer espaço			
Metros quadrados atribuídos			46
Vendas PSM incluindo IVA			£7.535
Total das vendas incluindo IVA			£350.000
Vendas semanais			£6.731
Vendas anuais sem IVA			£291.667
Lucro bruto		55,00%	£160.417
Valor de custo do estoque			£131.250
Custos de pessoal por hora incluindo National Insurance	pagar	£11,00	
	horas	35	
	semanas	52	£20.020
Custo da folha de pagamento	FTE	2,5	£50.050
Relação Salário/Vendas (incl. IVA)		4,77%	
Lucro operacional			£110.367
Taxa especulativa de concessão		29%	£84.583
Lucro após a taxa de concessão			£25.783
Taxa de serviço semanal (*flagship*)		£80	£4.160
Lucro do espaço depois de todos os custos			£21.623
Investimento da HN			
Custos de ajuste da loja PSM		£484	£22.500
Pacote inicial de estoque	rotação	3,5	£37.500
Investimento total em HN			£60.000
RENTABILIDADE DO CAPITAL EMPREGADO			36%

Notas

As vendas são psm (multiplicar PSF por 10,764)

As vendas para efeitos desse modelo são fixadas em mais de £7.500 PSM (valor elevado em relação às médias nacionais)

A taxa de concessão da linha 17 deve ser calculada com base nas vendas sem IVA.

Custos de ajuste da loja calculados com base na relação entre o salário e as vendas PSM (incl. IVA)

Os custos salariais são muito baixos – normalmente 12%-17% das vendas excl. IVA (a carga é de 40h por semana e você deve permitir a cobertura de férias)

O lucro bruto é fixado em 55%. Isto sustenta a necessidade de se aproximar de 65% para permitir flutuações nas vendas.

As concessões são arriscadas, uma vez que as altas vendas e margens são vitais, *private label* é a única opção.

Coleta de feedback dos clientes

O feedback dos seus clientes é uma fonte de informação inestimável e muito mais útil do que a pesquisa externa. Ela pode ser cara, bem como, por vezes, imprecisa e enganadora. Listamos abaixo várias maneiras pelas quais você pode obter feedback dos clientes, o que irá recompensar a lealdade deles e ajudar você a obter insights.

Rotas de feedback

- Feedback em uma sessão de bate-papo ao vivo.
- Formulários de feedback em seu site ou loja.
- Entre em contato com os clientes regularmente por meio do fluxo de notícias.
- Faça pesquisas por e-mail com novos clientes.
- Use redes sociais.
- Solicite feedback na página de confirmação do pedido.
- Use as sondagens.
- Crie uma comunidade online.
- Empregue programas de fidelidade.
- Mostre feedback positivo e negativo dos clientes para transmitir honestidade.
- Personalize a sua loja online.
- Estimule o feedback em troca de um prêmio, presente ou desconto em compra futura.
- Peça feedback imediatamente após a compra.

A coleta de feedback do cliente é uma parte importante do processo empresarial. A obtenção de feedbacks positivos e negativos é igualmente importante. Felizmente, como indicamos, existem muitas formas de gerar feedback. Alguns desses métodos lhe darão ideias de como você pode obter um retorno de qualidade do cliente tanto da loja como do site. Algumas empresas pedem feedback, mas não fazem nada com ele.

O positivo é fantástico, e o negativo pode ser realmente irritante, mas você ainda precisa enfrentá-lo. Olhe para as respostas, coloque uma data na agenda para examinar as lições aprendidas, estabeleça títulos, categorize as respostas, depois analise cuidadosamente o feedback para que você possa implementar mudanças, caso acredite que essas mudanças irão melhorar o desempenho dos negócios. Uma análise como essa revelará tanto bons como maus padrões e lhe dará pistas importantes para melhorar.

20

Criando o seu posicionamento global por meio do merchandising online

Pontos-chave

Entenda que tipo de varejista você é

Comunique a diferença que você traz para o mercado

Entenda por que ser eficaz online é vital

Uma presença online eficaz

A indústria de varejo é um setor abrangente com empresas de muitos tipos diferentes envolvidas. É uma indústria dinâmica e altamente competitiva, que precisa responder às exigências dos clientes 24 horas por dia, 7 dias por semana. Os consumidores esperam comprar todos os tipos de produtos online ou, pelo menos, conhecer uma empresa por meio de um site ou pelos canais de mídias sociais. Seu site é o seu sinal global, e suas mídias sociais são rotas de venda vitais. O site de um operador varejista deve ser transacional – não basta ser simplesmente informativo.

Um site transacional totalmente funcional é a vitrine da sua loja online. O seu site deve:

- comercializar a loja;
- indicar os serviços que a empresa oferece;
- apresentar as pessoas que operam e dirigem o negócio;
- promover eventos da loja;
- exibir e atualizar estoque;

- sugerir e introduzir produtos complementares;
- explicar e promover programas de fidelidade;
- ter um sistema de checkout profissional.

O site deve incentivar os clientes a entrar em sua loja e pode até mesmo apresentar um vídeo curto de um tour virtual ou do proprietário explicando o novo estoque. Lembre-se sempre que executar um site *e-tail* eficaz e bem-sucedido é como ter uma loja, como se estivesse em uma rua principal com seu próprio sabor individual. Como abordamos em detalhes no capítulo 8, quando discutimos a criação de um site de marca, uma oferta de produto exclusivo e uma marca atraente atrairá os clientes para a sua loja on-line, em vez de fazer com que eles procurem em outro lugar. A maneira de conseguir isso e fornecer uma experiência de compra online de alta qualidade se resume à forma como você decide construir e projetar seu site. O aspecto e a sensação são tão importantes quanto o aspecto e a sensação de uma loja física. Os clientes precisam entender imediatamente o que você está vendendo. Acima de tudo, o site deve ser funcional e simples de usar.

Alastair Browne, Diretor de Pesquisa de Sites e Insights Estratégicos da JD Sports, disse recentemente no Drapers Online Forum de 2018: "Nós procuramos abraçar toda a abordagem *omnicanal* do varejo, oferecendo ao consumidor a oportunidade que ele exige de fazer compras conosco a qualquer hora, em qualquer lugar". Ele continuou: "A loja continua sendo um canal importante de vendas". Apesar disso, ele reconhece que fornecer ao consumidor uma experiência online empolgante e relevante é essencial.

Depois que os clientes comprarem de você pela primeira vez ou se inscreverem em seu site para receber informações, você poderá usar seus endereços de e-mail (sujeitos à proteção de dados) para entrar em contato com eles sobre ofertas, novos produtos e eventos especiais para clientes privilegiados. Seu site também fornecerá uma quantidade significativa de informações, incluindo quantos novos visitantes você teve, quantas visitas repetidas, as páginas que as pessoas estão vendo e a porcentagem de conversão em vendas. Você também será capaz de descobrir de onde vem o seu tráfego online e onde as pessoas estão descobrindo sobre o seu negócio. Esse feedback dos clientes é uma informação inestimável que pode ser considerada em seu planejamento.

Faça continuamente as seguintes perguntas sobre o seu site:

- Você está constantemente inovando e atualizando seu produto?
- A sua escolha é consistente com a sua posição de mercado declarada?
- Você está se concentrando na importância de eliminar *sell-outs* e quase *sell-outs* e manter um bom controle de estoque online?
- Você está pensando no próximo passo para inovar e revigorar o site?
- Se você opera uma loja física, você faz *cross market*?

Magento e Shopify são duas plataformas de comércio eletrônico que apoiam e capacitam milhares de varejistas e marcas com sites transacionais para inovar e crescer rapidamente. Cada um deles merece ser visto como exemplos de boas práticas. Como mais exemplos de boas práticas, os dois estudos de caso a seguir vão olhar em detalhe para uma startup de varejo que criou um site transacional com merchandising online que complementa a estratégia de negócios global e outra startup focada em aperfeiçoar o seu próprio site para exibir um software sob medida.

ESTUDO DE CASO THE BABY COT SHOP

Depois de passar algum tempo nos Estados Unidos, a designer de interiores Toks Aruoture começou a se especializar em design de interiores para bebês e crianças e a desenvolver uma coleção com a sua própria marca. Quando regressou ao Reino Unido em 2008, Aruoture decidiu lançar-se no mercado de varejo britânico altamente competitivo.

A empresa começou como Punkin Patch Interiors. O primeiro conselho que ela recebeu de Rowland foi mudar o nome da empresa para que pudesse ser mais facilmente encontrada online e para que o nome de domínio se alinhasse melhor com os produtos da empresa: daí nasceu a The Baby Cot Shop. Rowland a aconselhou a se concentrar inicialmente na segurança de seus fornecedores de manufatura; a projetar e construir um site transacional que explicasse claramente sua jornada, sua especialização em produtos e seu *ethos*; começar gradualmente a buscar uma oportunidade de concessão; e então procurar uma loja própria.

Atualmente, as lojas de departamentos estão sempre à procura de novas marcas para encher os seus pisos de entusiasmo. Aruoture foi encorajada por Rowland a não apenas falar com elas, mas a produzir uma peça de "imaginação" gerada por computador para que a loja pudesse facilmente entender como a The Baby Cot Shop poderia ser vista junto com outras concessões em seu chão de loja. Aruoture conseguiu um contrato com a House of Fraser, um grupo de oitenta lojas do Reino Unido, que inicialmente colocou os produtos dela em seu site. Essa foi uma experiência inestimável, pois ela rapidamente descobriu o poder da negociação online e a importância da colocação de produtos.

Enquanto isso, uma oportunidade de loja em uma área afluente de Londres, perto de casas e escolas, surgiu no final de 2016 e ela aproveitou, mas não antes de negociar um bom contrato com o proprietário. Essa loja daria a ela o espaço para mostrar as configurações de ambiente dos produtos e renderia um conteúdo fantástico para sua estratégia de marketing no Instagram. O Instagram agora traz os compradores para sua loja e mantém o negócio crescendo.

O que realmente nos impressionou foi que ela aceitou nosso conselho tanto para proteger seus recursos de fabricação quanto para desenvolver um relacionamento aberto e amigável com essas fábricas. A principal fábrica com a qual trabalha atualmente está sediada na Romênia. Como Aruoture reconheceu rapidamente depois de investigar muitos países e fontes, a Romênia é o lar de muitos artesãos experientes que usam métodos tradicionais de artesanato e que produzem móveis feitos sob encomenda, decorados e montados à mão. A sua relação tornou-se tão boa que ela disse recentemente a Rowland: "A fábrica produzirá cinco de cada projeto que eu lhes entregar, mas só irá me cobrar quando eles enviarem um. Eles ficam felizes por assumir o risco financeiro". Isso ilustra claramente o que falamos neste livro. Desenvolva um relacionamento com um fornecedor, seja aberto e honesto e você ficará agradavelmente surpreso com o que poderá receber em troca. Aruoture continua desenvolvendo seus projetos e mostra continuamente em suas postagens no Instagram como o quarto ou o berçário de uma criança podem ser bonitos. Toks Aruoture, mãe e empresária, pode ser encontrada na sua loja quatro dias por semana.

ESTUDO DE CASO BRAND LAB FASHION

Dan O'Connell e Jennifer Drury, presidente e CEO, respectivamente, e cofundadores da Brand Lab Fashion, são a definição do que pode ser alcançado com uma visão singular, firmeza, dinamismo, resiliência e um bom senso de humor.

Em 2018, a empresa foi avaliada em mais de £20 milhões, tinha um banco de dados de mais de dez mil varejistas e duzentas marcas, aumentando a uma taxa de quinze marcas por mês. Brand Lab Fashion está crescendo rapidamente para se tornar uma das soluções de tecnologia de moda mais inovadoras na vanguarda da indústria e é uma empresa para ser observada.

No entanto, volte três anos para 2015, ano que marcou o início de uma jornada desafiadora, mas, em última análise, recompensadora para o sucesso. Seguindo carreiras independentes dentro de finanças e moda, O'Connell e Drury compartilharam uma visão comum para um negócio de moda digital global que iria perturbar o modelo tradicional de atacado. Testemunhando, em primeira mão, o declínio e a rigidez dos negócios nas feiras comerciais, sem mencionar o ônus financeiro para os varejistas que viajavam o mundo com suas equipes de compras e o aumento do custo para as marcas construírem estandes criativos e imersivos, Dan e Jen viram uma oportunidade de quebrar o molde atual e mudar a indústria de "feiras comerciais" de atacado para o ambiente digital.

Armados com seu conceito inovador, Dan e Jen inicialmente visitaram empresários e investidores locais, mas receberam retorno de empresas que não compartilhavam sua visão ou achavam que uma empresa de moda digital sediada no sul do País de Gales não conseguiria sair do papel. Incansáveis, eles ganharam a atenção de uma academia de *software* de propriedade de um famoso bilionário galês que acreditou em seu produto e se ofereceu para apoiar o negócio e construir a plataforma como uma parceria. No entanto, durante as fases finais das negociações, os colegas do bilionário que lideravam as negociações exigiram noventa por cento do lucro, juntamente com a propriedade do IP, deixando Dan e Jen com todo o risco e sem controle sobre o futuro do negócio.

Abandonar um acordo, ainda que unilateral, foi uma enorme decepção e foi recebido com negatividade e comentários depreciativos de pessoas dizendo-lhes que nunca funcionaria, que nunca construiriam o produto e que nunca chegariam ao mercado. Frustrados e chateados, mas com ainda mais determinação para ter sucesso, levaram três meses para redesenhar um plano de negócios e fazer a bola rolar enquanto, ao mesmo tempo, dirigiam sua *joint venture*, a agência de moda Red Storm.

Deixando de lado a cautela, Dan e Jen contataram vários investidores por meio de mensagens no LinkedIn. Dos cinquenta contatos, receberam a única resposta que precisavam. Sem que Dan e Jen soubessem na época, eles chamaram a atenção de um investidor de moda cuja família é dona de um dos maiores conglomerados de varejo da Irlanda. O magnata convidou-os para se encontrarem em Londres e discutirem o empreendimento. Vendendo seu laptop para cobrir a passagem de trem para Londres, o futuro do negócio estava em Dan e Jen; o potencial investidor precisaria ser convencido pela paixão e crença deles em seu conceito de negócio. Tendo assegurado com sucesso o investimento necessário para levar o negócio para o próximo estágio, uma série de novos investimentos foram rapidamente seguidos. Isso permitiu que a equipe se concentrasse na construção do site e no desenvolvimento do software.

Com orgulho de ser uma empresa galesa inovadora, Dan e Jen desejavam manter a sede em Newport e estabeleceram uma equipe altamente qualificada de profissionais de marketing e criatividade do Reino Unido para levar o negócio adiante. O site foi lançado em meados de 2017 e, apesar de não ter um orçamento de marketing, milhares de varejistas se inscreveram nos primeiros seis meses, incluindo prestigiosas marcas *premium* como a luxuosa marca francesa Paul KA e a marca global de moda AX Paris.

Avançando para 2018, a próspera empresa garantiu uma parceria financeira exclusiva com o credor online de crescimento mais rápido do Reino Unido, a iwoca, e passou a fornecer um serviço incomparável para os varejistas. A equipe da sede continuou crescendo e oferecendo excelentes oportunidades de emprego no sul do País de Gales.

O futuro para a Brand Lab Fashion parece brilhante com uma mudança para uma sede maior no sul do País de Gales e com a empresa visando a uma expansão global com presença em toda a Europa, Los Angeles e Nova York ao longo de 2019. É uma história de determinação, crença e capacidade de continuar depois de ser derrubada várias vezes.

Também serve para provar o velho ditado de que se não há paixão, não há nada. Nunca dissuadida, essa empresa demonstrou tenacidade e confiança na própria capacidade. Eles se concentraram em seu site e criaram uma funcionalidade tecnológica sob medida que resultou em uma plataforma única e totalmente integrada de atacado de moda que acreditamos que irá diferenciar a Brand Lab de qualquer outra solução de software existente no mercado.

PARTE CINCO

Desafios para os varejistas de lojas físicas

21

Entendendo a sua locação – E como as autoridades locais podem te beneficiar

Pontos-chave

Entenda o seu contrato de locação

Os papéis do governo e das autoridades locais

Uma breve visão geral da Lei do Proprietário e do Locatário

O papel e a influência da autoridade local esclarecida

Entenda o seu contrato de aluguel

Um paraquedista profissional não saltaria a menos que cada pequeno detalhe do equipamento de paraquedas tivesse sido verificado antes de deixar o avião. Como um varejista profissional, você deve tomar o mesmo cuidado antes de assinar um contrato de locação. É essencial entender completamente o contrato com o qual você está comprometendo a sua empresa. Nós estabelecemos neste capítulo seções da Lei do Proprietário e do Locatário ou *Landlord and Tenant Act* às quais você deve estar especialmente atento e que esperamos que sejam mudadas no futuro.

Você pode muito bem ser capaz de negociar algumas dessas emendas com um proprietário ou uma autoridade local que, em muitos casos, tomaram posse de lojas de proprietários que foram à falência. Como escrevemos na introdução, as startups ainda são necessárias, especialmente com a agitação que a indústria de varejo está experimentando.

Continua existindo uma abundância de oportunidades de crescimento em uma gama diversificada e inovadora de setores de varejo no Reino Unido e em mercados internacionais. Os consumidores de varejo hoje se concentram mais do que nunca em propostas individuais de empresas e esperam ter acesso a esses varejistas de muitas maneiras. As startups varejistas que integram todos os diferentes métodos de compras, online e físicos, que reconhecem as demandas dos consumidores de hoje, terão um potencial significativo de crescimento.

Os papéis do governo e das autoridades locais

Os consumidores e as comunidades locais podem ver o que está acontecendo em muitas cidades do Reino Unido – ruas secundárias pouco atrativas dominadas por espaços vazios, lojas de caridade, *pound shops*, sociedades de construção, bancos, cafés, lojas de apostas e, para além dos restaurantes, muito pouco para incentivar as compras e o entretenimento da família. Em muitos casos, já não são mais lugares para se gastar tempo e dinheiro. O equilíbrio ou mistura de lojas que fazem um centro comercial funcionar é errado em muitas cidades e aglomerações menores, e a "comunidade" que continua não conseguindo entender isso é, lamentavelmente, a de locadores, autoridades locais e, o mais importante, do governo central.

Infelizmente, a maioria dos prefeitos e líderes cívicos no Reino Unido até agora não conseguiu enfrentar o desafio atual da comunidade de tornar os lugares mais "humanos" e reviver o varejo de lojas físicas. Há exceções e, mais tarde neste capítulo, salientaremos a forma como dois municípios do Reino Unido agarraram o touro pelos chifres e mudaram o destino das cidades sob a sua alçada. Nós fazemos *lobby* para uma reforma da Lei do Proprietário e do Locatário. A razão para isso é encorajar varejistas novos e empolgados a preencher os espaços deixados pelos comerciantes complacentes e ineficientes que agora estão desaparecendo rapidamente.

Um breve resumo da Lei do Proprietário e do Locatário

No Reino Unido, a Lei do Proprietário e do Locatário rege os direitos e obrigações dos locadores e inquilinos das instalações ocupadas para fins comerciais. Em termos gerais, o locatário das instalações a partir das quais se desenvolve uma atividade tem a garantia de continuidade (ou seja, o direito de permanência) quando o prazo acordado do seu contrato chega ao seu termo, desde que o locatário concorde com o aluguel solicitado no momento.

Na sequência, delineamos os principais elementos da lei que acreditamos que devem ser alterados para torná-la mais amigável aos inquilinos – e, por isso, esses são os pontos dos quais você deve estar ciente e entender. Há links para as leis de 1954 e 1985 nas referências.

É necessário repensar, claramente, a situação na rua principal. Muitas empresas estão passando por dificuldades, e as oportunidades estão se abrindo para os independentes. Para que possam sobreviver, as condições de ocupação devem ser mais favoráveis, a fim de lhes dar tempo para se estabelecerem. Uma abordagem mais colaborativa é vital entre locador, inquilino e conselho. A Global Data, atuando para a American Express, na verdade, prevê crescimento para o setor independente de varejo ágil e reativo.

- Atualmente, no final da locação, o proprietário pode pedir um aluguel que tem pouca relação com o que o inquilino está pagando. Ele usa evidências de outras ofertas de aluguel na região, muitas vezes de locatários recém-chegados que muitas vezes receberam um incentivo para abrir. Isso é chamado de prêmio de estorno. Quando o inquilino existente desafia esse novo nível de aluguel, o locador vai a um painel de juízes, chamado árbitro, cuja decisão vincula ambos os lados. Em quase todos os casos, o árbitro decide pelo locador e o inquilino é forçado a sair.

- O que queremos é segurança de posse para o locatário no final do contrato de locação, e que o aluguel existente seja aumentado no índice de preços de varejo (RPI) em vigor, caso o locatário deseje permanecer. Isso seria justo e daria continuidade à comunidade.

- Nos dias de hoje, os principais motivos para que um locador recupere a posse de uma propriedade durante o período de aluguel seriam se o inquilino não pagasse o aluguel ou usasse a propriedade para fins não permitidos no contrato. A lei na sua forma atual permite também que o locador rescinda o contrato de locação quando este chega ao fim, declarando o desejo de reconstruir o imóvel de alguma forma, sem indenizar o arrendatário. Em muitos casos, a reconstrução é um dispositivo para rescindir um contrato de locação, a fim de trazer um inquilino que pague melhor.

- No momento, o processo de arbitragem é muito unilateral e quase sempre tende para o locador. É também um processo legal e bastante intimidante para qualquer negócio enfrentar. Um árbitro é chamado se o locador e o locatário não conseguem chegar a um acordo sobre o aluguel quando o contrato termina.

- Atualmente, todos os contratos têm uma cláusula de revisão do valor de aluguel após cinco anos e poucos contêm uma cláusula de rescisão apenas para inquilinos.

- O que se deseja, se os motivos da rescisão forem as circunstâncias de reconstrução (supondo que os planos aprovados podem ser mostrados ao locatário), é que o locatário seja compensado com um pagamento equivalente ao aluguel dos últimos três anos. Isso permitirá ao inquilino encontrar instalações alternativas e financiar a mudança. Se os planos de reconstrução aprovados não puderem ser apresentados seis meses antes do fim do prazo, a locação continuará por mais três anos com o aluguel em vigor. Essa mudança fará com que os proprietários pensem cuidadosamente antes de rescindir um contrato de locação sem uma boa causa.

- O que pretendemos, especificamente para o varejo, é que o processo de arbitragem seja mais justo para ambas as partes em caso de litígio. Se um valor de aluguel não puder ser acordado no final do contrato de locação, o locador deve provar ao árbitro que existem inquilinos desejando ocupar o espaço e ser capaz de fornecer provas de novos níveis de aluguel, dando três exemplos de lojas de dimensão semelhante e em local semelhante onde os valores sejam maiores do que o inquilino vem pagando. Nesse cenário, o locatário existente deve ter a opção de pagar o novo aluguel solicitado ou, caso contrário, receber um pagamento de rescisão que equivale a um ano de aluguel.

- O que queremos é que todos os contratos tenham uma cláusula de rescisão do contrato de locação após três e seis anos. Nenhum contrato deve ser superior a nove anos e deve haver aumentos no aluguel vinculados ao RPI a cada ano.
- Atualmente, se uma propriedade de varejo estiver vazia após três meses, o locador paga uma "taxa de loja vazia" ao município. Muitos locadores preferem isso a alugar a loja por valores mais baixos, porque isso quer dizer uma redução do ativo, que pode significar um reembolso a um banco ou a um credor.
- O que queremos é que, se uma propriedade de varejo permanecer desocupada por mais de três meses, o conselho possa dobrar as taxas de loja vazia e aumentá-las novamente em um terço após nove meses. Isso incentivará os proprietários a reduzirem as suas expectativas de valores de aluguel. Se a propriedade permanecer vazia após seis meses, esse locador será obrigado a realizar um leilão. O maior licitante ganhará a ocupação (prazo de dois anos) desde que possa apresentar, com antecedência, seis meses de aluguel. A autoridade local coordenará o processo.

Dica

Recomendamos que consulte um profissional quando assinar um contrato de locação ou uma licença; esse tipo de contrato é complexo.

O papel e a influência da autoridade local esclarecida

Já vimos exemplos de como duas autoridades locais no Reino Unido ficaram alarmadas com a deterioração gradual de suas ruas principais e com a atitude desleal dos shoppings centers. Uma população de compras efetiva refere-se aos consumidores que viajam para um centro num raio de dez a quinze milhas e são as pessoas que têm um efeito financeiro positivo no comércio de uma cidade ou vila.

ESTUDO DE CASO REGENERAÇÃO DAS *MARKET CITIES* PELO CONSELHO DO CONDADO DE SHROPSHIRE

Lojas vazias, ruas sujas, escuras e desinteressantes, inseguras depois de anoitecer, compradores que não retornam, nada para as crianças, vida noturna pobre, estacionamento muito caro: por onde começar?

A Grey4Gold, dirigida por Rowland Gee, completou a primeira consulta com o Conselho do Condado de Shropshire para iniciar a revitalização das cidades do condado. Rowland ficou impressionado com a determinação do Conselho em melhorar as coisas em todos os níveis possíveis. As *market cities* foram escolhidas como o piloto de revitalização para desenvolver um modelo a ser implementado em outras *market cities* em dificuldades em Shropshire.

O relatório inicial concentrou-se em:

- Estado atual das atividades.
- Onde a cidade quer estar.
- Como chegar lá.

Surgiram perguntas sobre os espaços vagos e a Grey4Gold, junto ao Conselho, selecionou os melhores candidatos. A capacidade da Grey4Gold de fornecer orientação empresarial especializada e profissional, incluindo controle de estoque, planejamento de negócios, programas de treinamento e assistência de design, juntamente com assistência de varejo em merchandising e exibição, compras, identificação de seu mercado e marketing para que sua base de clientes maximize as receitas, foi altamente valorizada pelo Conselho. Como parte do programa, a Grey4Gold começou a visitar os varejistas existentes para discutir formas de melhorar suas lojas e aumentar as vendas. Isso se tornou um processo contínuo. As recomendações apresentadas ao Conselho mostram claramente que houve um excelente começo para um problema difícil que está sendo vivenciado em todo o país.

Provavelmente um dos maiores problemas que as cidades enfrentam atualmente é a falta de uma reflexão conjunta entre o Conselho, os grupos diretores das cidades, as câmaras de comércio locais, a polícia e os serviços de turismo locais e regionais. Cada uma dessas entidades trabalha arduamente para procurar formas de reverter o declínio das cidades, mas as suas funções seriam muito mais poderosas se trabalhassem em conjunto para tornar as cidades mais comerciais não só para a própria comunidade, mas também para uma população de compras mais ampla.

O programa Grey4Gold ajudou a juntar mentes e interesses desarticulados, e gradualmente as vagas caíram, as unidades das incubadoras foram preenchidas, os comerciantes melhoraram as suas propostas, os dias de mercado prosperaram e as cidades começaram a se recuperar. Revitalizar uma cidade não é apenas preencher o espaço e pintar as fachadas. A maior e mais importante questão é trazer a comunidade junto com o progresso e torná-la uma força positiva para a mudança dentro da cidade.

Conselhos como o de Shropshire abordaram de frente as questões fundamentais e continuaram trabalhando arduamente para manter as grandes melhorias que fizeram. Eles comunicam o que está sendo realizado e mostram à comunidade que algo está sendo feito.

ESTUDO DE CASO ALCANÇANDO O SUCESSO DO VAREJO NA CIDADE DE BICESTER

O outlet mais bem-sucedido do mundo chegou a uma tranquila cidade de Oxfordshire em meados dos anos 1990. Chamava-se Bicester Village. A tranquila cidade, Bicester, começou a sofrer. Foi por causa da chegada de Bicester Village?

Na verdade, não; o declínio foi autoimposto. Poucos compradores locais usaram o Village. O produto lá era caro e atraía muito mais os turistas do Reino Unido que gostavam de fazer compras no centro de Londres, mas eram atraídos por causa dos descontos diários de trinta por cento. A cidade de Bicester sofreu porque os comerciantes locais, o conselho e os locatários deixaram de falar uns com os outros e simplesmente culparam a cidade. Eles ignoraram as mudanças que começavam a acontecer no varejo do Reino Unido e se recusaram a se concentrar nas necessidades e aspirações dos clientes.

Há alguns anos, quando Rowland Gee discutiu pela primeira vez as questões com o Conselho do Distrito de Cherwell (CDC), que queria deter o declínio no centro da cidade de Bicester, ele apresentou um programa de quinze pontos que incluía orientação para varejistas independentes, envolvimento com proprietários e sessões detalhadas de feedback com os consumidores. Os varejistas e empresários independentes sempre procuraram uma influência e uma opinião externa para as suas empresas; consideravam-na um recurso essencial. Os melhores mentores têm a capacidade de orientar e provocar ideias, respeitando o fato de estarem lidando com os sonhos e aspirações dos empresários. O CDC percebeu que uma mentoria de qualidade vai muito além de apenas ter uma opinião e que isso é realmente difícil de encontrar.

Além dessa mentoria, Rowland lançou luz sobre algumas verdades bastante desagradáveis sobre a maneira como a cidade funcionava. Os quatro organismos mais importantes – os comerciantes, os locadores, os consumidores e o Conselho – simplesmente não se envolviam. Todos queriam a mesma coisa: uma cidade próspera. A influência do Rowland, com o apoio do Conselho, uniu as partes. O diretor de uma empresa de varejo nacional, responsável por grande parte do centro da cidade, nunca tinha visitado Bicester. Rowland teve a capacidade de levá-lo à cidade e o convenceu a levar a sério as suas responsabilidades como uma das principais partes interessadas no funcionamento da cidade. Esse diretor, com o apoio do conselho, decidiu deixar as lojas vazias da região que estavam sob seu controle para novos varejistas e ajudou a realocar outros. O conselho, para seu próprio crédito, continuou o trabalho. Adotou o plano de quinze pontos de Rowland e, com a aproximação de um grupo de varejistas, as coisas estão melhorando.

Ainda falta muito trabalho para transformar Bicester na cidade que ela merece ser, mas esse exemplo demonstra claramente o poder da determinação e da clareza de intenções.

Que lições podemos retirar das ações positivas desses conselhos?

As lições que podemos retirar do envolvimento proativo dos conselhos de Shropshire e Cherwell é que primeiro eles nomearam o equivalente a gestores dos centros das cidades e equipes de apoio que se conectaram com proprietários, consumidores e lojistas. Eles ouviram atentamente as questões trazidas por Rowland Gee e elaboraram planos de ação para tentar resolvê-las ou, pelo menos, para tentar fazer algum progresso positivo. Rapidamente concluíram que, para que um centro comercial de uma cidade seja empolgante, ele deve ser compacto. Foi-se o tempo em que as lojas podiam se espalhar por vastas áreas – o que é muito melhor para converter áreas secundárias e terciárias em casas. Os conselhos comprometeram-se a manter contato com os representantes dos três grupos e a prosseguir com os formulários acordados até sentirem que as cidades estavam de pé novamente. Eles rapidamente perceberam que, se uma cidade não cumpre as expectativas para todas as faixas etárias, ela falha. Para satisfazer expectativas cada vez mais exigentes, eles não entendiam que uma boa variedade de lojas, estacionamento flexível e de baixo custo, grandes feiras semanais de comida e produtos locais, atividades de finais de semana para os jovens, praças de alimentação e outras formas de entretenimento eram serviços e atrações que precisavam ser entregues.

Um bom gestor fará todo o possível para trazer a cidade de volta à vida. Em Market Drayton, em Shropshire, uma igreja abandonada tornou-se um centro comunitário onde pessoas de todas as idades se reúnem para realizar eventos, exibir filmes, realizar festas infantis, jogar *bridge* ou simplesmente tomar um café. Market Drayton transformou uma área de armazenamento do centro antigo da cidade em uma incubadora para *pop-ups* de varejo, muitas das quais, mais tarde, se tomaram lojas permanentes depois que descobriram que tinham um sucesso em suas mãos. Era possível sentir o *buzz* na cidade, e o sucesso gerou mais sucesso. O mercado expandiu-se de cinquenta metros de comprimento para quinhentos metros, com bancas especializadas na venda de variedades de melaço, *fudges*, compotas e mel, pães, vinhos, carnes e ovos, todos produzidos e cultivados na região. Isso é o que um conselho esclarecido pode fazer e há mais de 350 conselhos no Reino Unido.

E depois há a história. Tantos lugares têm um passado histórico interessante e não há nada que as crianças amem mais do que se vestir com trajes romanos, segurando espadas, e marchar pela cidade. Essa estratégia que alguns adotaram trouxe as crianças de volta à cidade nos finais de semana e vai parar a dispersão das famílias para conurbações maiores. Muitos conselhos recuaram e não aplicaram uma abordagem única ou sob medida para reviver suas cidades, e isso é especialmente triste no Reino Unido, já que metade da população vive nesses grandes lugares. Ninguém quer viver numa cidade falida.

Como startup, caso decida abrir uma loja numa cidade média ou pequena, certifique-se de se reunir primeiro com o conselho e de ver se ele está entregando ou se está determinado a entregar os componentes e melhorias que descrevemos nesses dois estudos de caso. Se não tiver essa certeza ou não sentir a paixão, pode ir embora. Eles precisam de você.

PARTE SEIS

Como o bom deve se tornar sensacional

22

Por que o bom não é bom o suficiente no comércio varejista atual?

Pontos-chave

Inspire-se nos grandes

Aplique os quatro Ms vitais

Verifique a saúde do seu negócio

Nunca perca a sua empolgação e sempre confie em si mesmo

Varejistas sensacionais

Ser incrível ou morrer. Isso pode parecer dramático, mas o setor de lojas físicas de varejo está espremido – entre o cinto apertado do consumidor, aluguéis caros, taxas de negócios e o enorme crescimento das compras online. Mas, como dissemos na introdução deste livro, o bolo varejista não encolheu. No capítulo 1, destacamos as principais estatísticas que demonstram claramente que os consumidores continuam gastando (na verdade, eles estão gastando mais); é onde estão gastando e o que os motiva a gastar que mudou drasticamente na última década.

O aumento maciço das compras online adotado pelos compradores em todo o mundo tem tido repercussões óbvias nas lojas e estabelecimentos comerciais, mas o que muitos lojistas não têm levado em conta é que os consumidores, quando compram online, tomam decisões muito rápidas. Tiram impressões positivas ou negativas de fatores como a saudação, o produto, a seleção, o estilo, a facilidade de identificação, a qualidade, o preço, a informação, os processos de pagamento e as políticas de envio e devolução. Essas impressões e suposições agora se transferem para a mentalidade do comprador de rua e, se a proposta de uma empresa não for entendida rapidamente, o momento terá passado. Esse é o desafio atual para as empresas de varejo, e vamos ilustrar neste capítulo exemplos de varejistas, grandes e pequenos, que abraçaram essa mudança de mentalidade e expectativa entre os consumidores e agora são sensacionais.

ESTUDO DE CASO MARVIN TRAUB

O falecido Marvin Traub, um dos maiores *showmen* e inovadores do varejo, tinha visão de futuro. Ele conheceu Rowland Gee em 2008, pouco antes da publicação de seu livro *Like No other career*. "O varejista do futuro", escreve ele no livro, "será um verdadeiro jogador multicanal, que fortalecerá a loja de departamentos tradicional com uma presença de varejo expandida, incluindo um catálogo, um site e talvez a adição de *home shopping*. O consumidor poderá fazer compras na sua loja preferida a qualquer momento e por meio de uma variedade de técnicas de compra. O varejista bem-sucedido do futuro ainda terá que se concentrar em criar uma certa imagem e emoção em todos os canais. A tecnologia é simplesmente um trunfo para fazer isso. Em última análise, porém, tudo começa com o produto. Os grandes vencedores no varejo do século XXI serão as lojas que tirarem pleno partido da nossa tecnologia em constante mudança e a combinarem com um excelente merchandising". Traub era um lendário lojista, e essas palavras preditivas escritas em 2008 se tornaram realidade. Foi Traub quem, enquanto dirigia a Bloomingdale's em Nova York de 1978 a 1992, persuadiu as maiores marcas do mundo (e algumas que ele acreditava que se tornariam grandes marcas) a abrir setores na loja. Isso foi algo novo – até então as marcas eram apenas colocadas ao redor da loja em trilhos e em prateleiras. Traub trouxe a frase de Marshall McLuhan, "o meio é a mensagem", para a vida. Ao convencer marcas como Giorgio Armani, Gucci, Christian Dior, Chanel e outras a venderem na Bloomingdale's, em setores suntuosos, ele levou a marca ao topo da pirâmide das lojas de departamentos internacionais. Outros o seguiram ao redor do mundo, mas Traub nunca perdeu seu lugar icônico entre os inovadores e disruptores. "Haverá maiores comerciantes?" Gee perguntou a Traub. "Sempre há oportunidades no varejo", disse ele. "Encontrá-las e se apoderar delas será o desafio permanente e produzirá os grandes comerciantes de 2040".

Quem são esses grandes comerciantes atualmente e como foi que eles passaram de bons a sensacionais? Para começar, a sua mensagem é clara; a mercadoria é brilhantemente selecionada e exposta; o encontro e a saudação, sejam na loja física ou online, são acolhedores e profissionais; e o marketing da operação, as redes sociais, a publicidade no site e as vitrines das lojas são certeiros. Agora vamos ver alguns exemplos.

Varejistas sensacionais da atualidade

- Selfridges
- Goyard
- Borough Market
- Lojas de museus
- Bicester Village

Selfridges

A Selfridges não pode ser uma loja de nicho – é muito grande – mas pode, no entanto, manter com confiança a sua visão e espalhar a sua personalidade e ética por todos os departamentos em que opera. Clientes, desde os adolescentes aos idosos, adoram a loja, porque ela responde aos seus gostos sem destruir suas respectivas aspirações e emoções. Isso é realmente muito difícil de fazer, mas a Selfridges conseguiu sem paternalizar as diferentes faixas etárias fazendo com que todos se sintam especiais com instalações e ambientes, sonoros e visuais, nas quais se sintam bem.

Como Marvin Traub previu, aqueles que buscam o sucesso terão que criar uma certa imagem e entusiasmo em todos os canais. Selfridges é um exemplo brilhante de excelência, porque nunca parou. Ela se engaja com seus clientes antes de atualizar departamentos e lançou um site em chinês para dar suporte a esse mercado crescente. Uma visita tornou-se uma experiência em todos os sentidos da palavra. No final de 2018, ela abriu uma *brasserie* com tema Art Deco que terá seu próprio acesso pela rua. A peça central será um enorme Pegasus incrustado de cristais, projetado por Damien Hirst. Richard Caring, dono de restaurante, que dirige uma cadeia exclusiva, nunca teria pensado em abrir numa loja de departamentos há dez anos, mas tal foi a conquista do brilhante reposicionamento da Selfridges que ele não pensou duas vezes. Como Caring disse recentemente a Jonathan Prynn, Editor de Negócios do Consumidor do London Evening Standard, em 4 de outubro de 2018, "quando pensamos na capital do mundo, pensamos em Londres, e quando pensamos em Londres, pensamos na Selfridges".

Nós recomendamos fortemente que você faça uma longa e lenta caminhada ao redor dessa loja para absorver totalmente as minúcias e detalhes necessários para uma loja de excelência e, em seguida, dê uma olhada no site para ver como essa abordagem se apresenta.

Goyard

Goyard, uma empresa de bagagem, artigos de couro e acessórios, descreve-se como um fabricante de malas. Ela começou sua vida como uma empresa de varejo em Paris em 1853, e a loja original da Rue Saint Honoré ainda permanece, lindamente preservada em toda a sua glória. A estratégia da Goyard tem sido continuar sendo uma empresa reservada, nunca anunciar na mídia tradicional, mas abraçar o Instagram com imagens lindamente fotografadas e emocionantes. Ela tem dezenove lojas em todo o mundo, onde todo o comércio é feito. A clientela de Goyard inclui alguns nomes muito famosos, de Picasso a Beyoncé, que apreciavam e continuam apreciando a sutileza e elegância dos produtos. Goyard nunca se afastou de suas crenças fundamentais e ainda usa, em todos os produtos, seu famoso "cartão de visitas" – um design chevron com um pequeno e sutil Goyard-Honoré embutido nele. O seu apelo é o fato de nunca ter se afastado da visão original da marca, apenas utilizar os melhores materiais e sempre produzir os seus produtos utilizando os melhores métodos artesanais. A Goyard sobreviveu porque ouviu e respondeu às exigências de estilo de vida dos seus clientes, mas nunca comprometeu a sua qualidade, estilo ou identidade de marca.

O que tiramos dessa história é como uma marca pode se sustentar aderindo aos seus princípios exclusivos, nunca sendo arrastada para áreas sobre as quais sabe pouco e nunca se expandindo demais. O que, no entanto, a Goyard *tem* demonstrado em sua jornada de 165 anos é que está preparada para adotar novas tecnologias. Passou de produtos pintados à mão para impressão, e os materiais de alta tecnologia que utiliza para produtos que não são de couro são desenvolvimentos do século XXI. Goyard reconhece o amor dos clientes pela personalização e pinta à mão as iniciais dos clientes em seus produtos. Produz malas sob medida. Nós amamos o fato de que seu espírito de serviço pessoal é demonstrado por nunca permitir que os clientes entrem numa loja a menos que eles possam receber um serviço individual. Mesmo no mundo impaciente de hoje, as pessoas terão paciência se souberem que aquilo que desejam comprar é realmente especial. Isso é o que chamamos de ser sensacional.

Borough Market

Como pode um mercado com mil anos ser descrito como sensacional? Bem, em termos simples, tudo à venda no Borough Market, todos os tipos de queijos e ovos da Alsop & Walker, o mel cru da Field & Flower, os molhos Wiltshire Chilli Farm à base de chilli e o incrível marisco dos Wright Brothers são sensacionalmente bons e todos os produtos podem ser rastreados até a origem. Cada uma das centenas de comerciantes compartilham a mesma missão: proporcionar ao cliente o melhor e oferecer-lhes o serviço necessário. Manter seu lugar entre os cinco principais mercados de alimentos do mundo (outros são o

Central Market Hall de Budapeste, o Sydney Fish Market, o Seattle's Pike Place Market e o Markthalle Neun de Berlim) fala muito sobre os padrões que o Borough Market manteve e como a atitude de mente aberta de estudar esses mercados continua quebrando barreiras. Borough Market é uma cooperativa no sentido de que promove uma pressão interna positiva dos pares, em que ninguém quer desiludir o espetáculo, e continua demonstrando vontade de se concentrar e aprender com esses outros grandes mercados. É verdadeiramente impressionante.

Há várias lições do Borough Market das quais a sua startup pode se beneficiar: especialize-se num produto com o qual se sinta confortável em lidar, mantenha uma mente aberta e curiosa, esteja preparado para prestar um excelente serviço e, se a produção se tornar a sua área de escolha, nunca comprometa a qualidade.

Lojas de museus

Andy Warhol uma vez previu que a maioria das lojas de departamento se tornariam museus, e todos os museus se tornariam lojas de departamento. Ele estava à frente do seu tempo. Em todo o mundo, os museus melhoraram o seu jogo. Hoje, quando visitamos um museu (e milhões mais a cada ano), saímos por uma loja. Nós visitamos os museus porque as exposições que eles montam são instigantes, fantasticamente curadas e maravilhosamente iluminadas. As exposições estão concentradas em tópicos específicos, e os museus percebem que os visitantes não vão entrar pela porta se simplesmente oferecer um passeio por salas infinitas de coisas. Portanto, assim como as melhores operações de varejo de hoje, os museus entendem o princípio do foco e da segmentação demográfica. Eles também entendem que, quando o visitante sai do show, a loja não pode ser decepcionante.

Muitas lojas de museu não decepcionam – na verdade, elas podem ser lojas incríveis de presentes, e muitas pessoas agora fazem suas compras de aniversário e Natal em uma delas. Por que elas são tão boas? As equipes que dirigem os melhores museus conversam entre si e comunicam as técnicas que utilizarão e a estética que adotarão, e que esperam alcançar, em qualquer evento em particular. Da próxima vez que você for a uma exposição, sinta a atmosfera enquanto entra, olhe ao redor e veja as muitas formas de técnicas de iluminação e equipamentos instalados para dar vida às exposições, veja o uso da mídia digital, concentre-se na encenação dramática e nos painéis descritivos com informações. Essa é a mais alta forma de varejo, porque a intenção é intoxicar e surpreender você. Quando se transformam em lojas de varejo, elas precisam corresponder a essa emoção – e elas conseguem.

Muitas vezes, essas lojas têm curadorias incríveis, com itens que habilmente se vinculam ao que você viu e vão além. Grandes estantes iluminam os produtos individualmente, com as mais modernas técnicas de armazenamento e disposição concebidas especificamente para os produtos que exibem. Pontos de *checkout* muito eficientes normalmente incluem um ótimo serviço de embalagem. Em Londres, adoramos o V&A, o Tate Modern, o Design Museum e o British Museum; em Nova York, o Guggenheim e o moma; em Paris, o Louvre; e em Viena, o Kunsthistorisches Museum. Há muito mais, é claro, mas o ponto que queremos enfatizar é que essas instituições estão se movendo em sincronia, porque percebem que exploraram uma lacuna no mercado de varejo.

Como empresa startup, talvez com o objetivo de vender presentes, você pode coletar informações tremendamente úteis para a sua próxima operação, examinando e pesquisando cuidadosamente essas operações. Lembre-se, também, que o varejo não para no próprio museu – as lojas online também são incríveis e absolutamente consistentes com a experiência física. Se você quer comprar um quadro de Warhol hoje, e muitos querem, aonde você vai? Você visita uma loja de museu.

Bicester Village

Bicester Village em Oxfordshire, Reino Unido, faz parte do Value Retail, um grupo comercial de onze lojas Village presentes em todo o mundo. Todos os inquilinos ou marcas têm contratos de locação de um ano. Todos pagam uma porcentagem das vendas, mas nenhum paga um aluguel fixo. Cada outlet Village tem uma organização de seis comerciantes ou controladores que trabalham com os inquilinos para torná-los bem-sucedidos. As normas impostas são rigorosas e exigentes, mas os resultados do varejo são surpreendentes. Existem poucas histórias de sucesso maiores do que a do Value Retail, e a sua maior glória é Bicester Village, que é quase certamente o destino de compras com melhor desempenho em termos de vendas por metro quadrado em qualquer parte do mundo.

O Village criou módulos de formação específicos para os seus colaboradores, que combinam o varejo com a hospitalidade como parte de um pré-requisito para trabalhar lá. O *ethos* do Village é que os "vendedores" não devem pensar neles próprios como vendedores, mas como mordomos e *concierges*. A fórmula simples: se uma loja não for bem-sucedida, o Value Retail não renova o contrato de locação. Há uma lista de espera de pessoas que gostariam de se juntar ao centro comercial que realmente cria uma parceria entre o desenvolvedor e o varejista. Eles trabalham juntos para alcançar uma grande produtividade. Num dado ano, cerca de quinze por cento dos inquilinos se mudam, quer para espaços maiores, espaços menores ou simplesmente para outro lugar. Todos se adéquam a esse sistema, e os padrões são altíssimos. Esses padrões incluem exibições de flores frescas e passarelas, banheiros, estacionamentos e demais áreas abertas impecavelmente limpas. Você não vai encontrar uma marca de chiclete em lugar nenhum. O mais impressionante nessa atenção incansável aos detalhes é que todos correspondem. As marcas, as pessoas que gerem as lojas, os compradores e o Village juntaram-se para criar uma atmosfera de pura excelência. Falamos da pressão dos pares no Borough Market, e isso também fica evidente aqui. Se uma vitrine está suja ou gasta, se um capacho está velho, se uma luz está fora de uma loja, se uma prateleira está vazia, se uma vitrine de flores caiu, se não há toalhas ou papel higiênico nos lavatórios, isso é rapidamente notado e resolvido. É isso que queremos dizer com "trabalho em equipe": foco concentrado. E sabe o que mais? O consumidor responde. É uma organização sensacional e inovadora.

Como você pode se tornar sensacional

O que conecta esses grandes varejistas, estabelecimentos e organizações é que todos eles se estabelecem como líderes e influenciadores em seus respectivos setores. Como é que todos eles passaram de bons a sensacionais? Para começar, todos tinham um plano e uma estratégia e se mantiveram firmes neles. Suas mensagens são claras; a mercadoria é brilhantemente focada, selecionada e exibida; a recepção, seja em um local físico ou online, é bem-vinda e profissional; e o marketing das operações, incluindo a publicidade, mídias sociais, site, conexões do cliente e vitrine da loja são excelentes. Nos referimos a essas dinâmicas como os quatro "Ms".

Os quatro Ms

Mensagem: Seja sempre claro e focado, através das vitrines, interiores, produtos e também tornando a sua proposta clara.

Merchandising: Concentre-se em produtos segmentados e compreensíveis. O conteúdo é tudo, e a seleção de produtos deve ser bem fornecida, curada e exposta.

***Meet and Greet*, recepção**: Ofereça um serviço caloroso e informativo, promovendo uma experiência excepcional, tanto na loja física como online.

Marketing: É vital manter a consistência, realizar eventos regulares, desenvolver programas de fidelidade, envolver as redes sociais e, claro, construir um site excelente. Crie um calendário de marketing para permanecer em contato com a sua base de dados. Conheça e entenda seus concorrentes e lembre-se sempre do poder de ser uma equipe, dentro e fora do negócio, incluindo fornecedores, proprietários e conselhos locais.

Olhe para si mesmo e faça uma "avaliação de saúde"

O MERCADO, A SUA ESTRATÉGIA E O TESTE DA SUA VISÃO

- Em que segmento de varejo você se encaixa?
- Quão grande (valor) é o seu mercado?
- O seu mercado cresceu ou diminuiu nos últimos cinco anos?
- Quem são os maiores jogadores?
- Que porcentagem eles detêm?
- O que resta para os independentes?
- Quem são os seus concorrentes mais próximos?
- O tráfego cresceu ou diminuiu na sua área?
- Quais são as tendências da população na sua área?
- Se a população diminuiu, para onde as pessoas foram?
- O seu locador e o seu relacionamento.
- O que você quer ser?
- Desenvolva e aperfeiçoe o seu plano de negócios.
- Monitore a execução de táticas e estratégias.

FINANÇAS, OPERAÇÕES E DESEMPENHO

- Você tem um sistema de controle de estoque "confiável"?
- Se não, você sabe como conseguir um?
- Se sim, qual estrutura você possui para analisar os dados?
- Você sabe como calcular a margem e tem um objetivo de margem líquida?
- Você tem um objetivo de rotatividade do estoque?
- Você tem um objetivo de perfil de estoque?
- Quais são os seus processos de compra e tomada de decisão?
- Você tem uma estratégia de aquisição?
- Você compra de agentes ou diretamente da fonte?
- Você faz contas mensais de lucros e perdas?
- Você tem uma análise e previsão de fluxo de caixa?
- Você executa um WSSI (plano semanal de vendas e entrada de estoque)?
- Você conhece seu ATV (valor médio de transação)?
- Você rastreia a sua conversão de tráfego? (real vs. teórico).
- Esteja de acordo com os indicadores-chave de desempenho (KPIs).
- Nunca permita que os seus sistemas (manuais ou de TI) deixem você na mão.

COMO SE DESTACAR EM UM MERCADO SATURADO

- A sua oferta está claramente definida e apresentada?
- A sua oferta é funcional ou aspiracional?
- Os seus clientes compreendem rapidamente a sua oferta?
- O seu negócio comunica visual e fisicamente a clareza da sua proposta?
- A sua equipe comunica o ethos da loja?
- Você trabalha em seus relacionamentos com fornecedores?
- A primeira e a última impressão que os seus clientes têm devem ser boas, sempre.
- Seja um sabe-tudo: conheça o seu mercado e o seu cliente.

APRENDENDO SOBRE O SEU NEGÓCIO, ESTABELECENDO E MEDINDO METAS

- Você procura conhecer regularmente o que os seus clientes pensam de você?
- Você envolve regularmente os seus colaboradores no feedback dos clientes?
- Você pergunta à sua equipe o que eles acham da relevância de sua proposta e como ela poderia melhorar?
- Você executa (internamente) uma análise SWOT duas vezes por ano? Quem participa?
- Você treina/avalia sua equipe e mede o desempenho dela?
- Quem faz o quê na sua empresa?
- Prestação de contas e responsabilidade pelas funções.

E-TAILING, MÍDIA SOCIAL E MULTICANAL

A importância da diferenciação num mercado cada vez mais competitivo

- Ocupe um mercado que evite competir nos preços: evite guerras de preços "fatais".
- Proporcione uma experiência de compra de alta qualidade e mantenha a proposta clara.
- Construa e desenvolva a fidelidade de seus clientes adicionando benefícios complementares.

Operações, análise de clientes e comunicação

- SEO
- Facilite a navegação.
- Facilite o processo de *checkout*.
- Compreenda a importância das redes sociais.
- Interaja com o cliente.

Monitoramento e reação

- Visitas: média diária/semanal/mensal.
- Novas visitas.
- Visitas repetidas.
- Porcentagem de conversão.
- Fontes de tráfego.
- Estratégia de feedback.

Escolha, conveniência e crescimento

- Você está constantemente inovando e atualizando sua escolha, e sua escolha é sempre consistente com sua posição de mercado declarada?
- Você está pensando no próximo passo?
- Se opera uma loja física, como você faz *cross-market*?

CONCLUSÃO

A sua jornada

Ao longo deste livro, descrevemos os passos necessários para a criação de um negócio de varejo e sublinhamos a importância de realizar a devida diligência em cada uma das áreas-chave que identificamos nas várias seções do livro. É vital ter uma compreensão desses processos antes de embarcar em sua jornada de startup.

1. Crie a visão.
2. Desenvolva suas melhores rotas para o mercado.
3. Demonstre, a si mesmo e aos outros, como competir melhor.
4. Comercialize e comunique-se de maneira eficaz com clientes, fornecedores, locadores, autoridades locais, bancos e potenciais investidores.
5. Configure os controles do negócio para que você saiba o que está acontecendo.
6. Gerencie o seu dinheiro.

Estar preparado para entrar na arena do varejo, independentemente da confiança que tenha na sua ideia, valerá o tempo gasto. Você não entra num carro e dirige, a não ser que tenha passado no teste de direção. Você até poderia fazer isso, mas poderia haver um acidente, certamente iria ter que enfrentar as autoridades, e poderia até mesmo machucar algum ente querido. Considere esse exemplo e reserve um tempo, provavelmente de três a quatro meses, para fazer sua lição de casa. Isso irá aumentar a sua confiança, você ficará verdadeiramente informado e conhecerá o assunto. Adicione tudo isso à sua visão e terá montado um manifesto impressionante. Esse conhecimento de fundo e a capacidade de falar sobre ele será útil para convencer os clientes e todas as pessoas e organizações que você encontrará quando começar sua jornada.

As oportunidades estão sempre aumentando para você. Os investidores de imóveis para varejo estão enfrentando uma queda nos valores que estão conduzindo a aluguéis mais baixos, e os novos empreendimentos imobiliários estão trazendo os consumidores com eles. O governo do Reino Unido está, finalmente, respondendo a isso. As tarifas comerciais serão reduzidas para as pequenas lojas, e as autoridades locais estão sendo desafiadas a trazer os residentes de volta aos centros das cidades e a criar um sentimento maior de comunidade, ampliando a oferta varejista e, consequentemente, a atratividade geral da cidade. Um bom exemplo disso é a cidade de Bicester, em Oxfordshire, uma cidade que destacamos no capítulo anterior. Muitas lojas e empresas independentes e vibrantes surgiram após a determinação do conselho de colocar a mão na massa. A cafeteria Tim & David, na Market Square, tem os *lattes* mais suaves que você pode imaginar; Emma, a florista, produz buquês de beleza deslumbrante; a Sarah's Gift Shop sempre tem o melhor cheiro; Richard e sua família, os papeleiros, ajudam todas as empresas a executarem o trabalho. A loja de móveis Nia & James, junto à igreja, é uma das joias escondidas de Bicester, assim como a loja de antiguidades de Ian e a maravilhosa livraria Coles, que vende uma incrível coleção de primeiras edições autografadas – e faz isso online brilhantemente, também. A gráfica de Julian e Sara e a boutique de Jane, chiques e únicas em igual medida – juntamente com todas as outras –, trouxeram o empreendedorismo e criaram a variedade de que a cidade tanto precisava. O produto está certo, os clientes estão reagindo.

A nova geração do varejo

Em termos de varejo, o oposto de crise é a oportunidade. A área da King's Cross em Londres, que, há apenas uma década, era uma parte suja, perigosa e degradada da cidade, está testemunhando uma nova vida. Quem diria que um enorme escritório do Google, um escritório de nove andares do Facebook em breve, a Central Saint Martins College of Art and Design e grandes restaurantes e bares novos iriam surgir em terras recuperadas e trazer vida nova e empolgante para a área. Atrás da estação ferroviária, existem arcos utilizados pela primeira vez como pátios de carvão no século xix e depois para o transporte de mercadorias nos anos 1950. Esses espaços em breve serão reabertos como Coal Drops Yard e serão equipados para funcionar como espaços comerciais. Nomes famosos como Paul Smith, Wolf & Badger e Tom Dixon irão funcionar ao lado de startups inovadoras de todos os tipos de varejo. Esse desenvolvimento prova conclusivamente que o empreendedorismo e a imaginação irão ganhar, então prepare-se bem e torne-se parte da nova geração do varejo.

Nós advertimos na introdução deste livro que o varejo não é um caminho fácil. O que você tem que fazer desde o início é confiar em si mesmo e na sua visão. Você tem que ouvir as pessoas e ouvir seus conselhos, mas deve sempre confiar em si mesmo. Você é a pessoa com a visão, é a pessoa que precisa vender suas ideias para as outras e levá-las em uma jornada ao seu lado. Você é a pessoa que fará da empresa uma realidade.

Apresentamos neste livro muitos exemplos de pessoas reais com histórias reais, que trabalharam arduamente para alcançar um sucesso duradouro. Selecionamos cuidadosamente esses exemplos – nem sempre foi uma prova fácil para elas e tiveram de mostrar uma tenacidade e resistência tremendas.

Nenhuma história exemplifica isso mais do que uma empresa chamada Everything Branded. Paul Rowlett, um veterano da guerra do Iraque, fundou a empresa há mais de sete anos. Rowlett era um homem da Marinha e, depois de voltar para casa, perdeu tudo quando a sua casa foi retomada. Ele e a mulher viviam de benefícios. Depois de assistir a conferências e receber sacolas com "brindes", Rowlett teve uma ideia. Ele decidiu fabricar produtos promocionais, incluindo itens como chaveiros, canecas, cadernos, canetas, balinhas, camisetas polo – na verdade, qualquer item que pudesse ter o logotipo ou marca da empresa que realiza um evento. Os negócios começaram lentamente, mas depois que ele abordou o Conselho de Leicester no Reino Unido e se ofereceu para produzir canecas para celebrar o Jubileu de Diamante da Rainha e entregá-las gratuitamente ao conselho, esse gesto generoso foi notado e a iniciativa Everything Branded decolou. A empresa tem agora mais de cem pessoas, projetando e oferecendo uma vasta gama de produtos. O negócio está ótimo.

O que também enfatizamos neste livro é a importância da pesquisa necessária para apoiar sua escolha de negociação, a instalação de controles simples e o estabelecimento de disciplinas operacionais regulares e a inserção de todos os dados na agenda. Não adie esse trabalho interno. Você ficará feliz por ter passado algum tempo, logo no início, implementando as medidas que sugerimos neste livro. Lembre-se do que dissemos sobre reuniões com bancos e investidores: eles irão fugir caso você não consiga respaldar sua visão com um plano bem pensado e claramente definido.

Os varejistas da atualidade devem ser mais imaginativos do que nunca, mas também nunca devem perder de vista o panorama geral. Eles devem pensar, o tempo todo, sobre as várias partes da sua empresa. Uma abordagem holística é essencial, e é por isso que retornamos continuamente ao fato de que você precisa se tornar um "sabe-tudo" para o seu negócio.

Como dissemos na introdução, ser um bom varejista não é o suficiente atualmente. Ser excepcional ou mesmo sensacional deve ser o seu alvo, e você deve estar preparado para trabalhar duro, se concentrar e se dedicar a entregar a sua visão. É preciso um tipo especial de dedicação e tenacidade inabalável para fazer isso funcionar.

Começar um negócio hoje é uma oportunidade, e realmente há uma necessidade de sangue novo. Esperamos que este livro se torne o seu manual, que você o consulte regularmente para orientação, para garantir que nunca esteja negligenciando questões-chave, e que o ajude a lidar com desafios inesperados que inevitavelmente surgirão.

O varejo é uma grande carreira, pois lhe dá a oportunidade de comprar, vender, planejar e motivar. É particularmente gratificante porque não só lhe dará a realização quando experimentar reações positivas às suas escolhas, mas também proporciona uma interação direta com os seus clientes, que lhe permitirá reagir, coletar feedback, avançar e desenvolver a sua visão. Prepare-se para o propósito, pois o único caminho é seguir em frente.

GLOSSÁRIO

Fluxo de caixa: O montante e equivalentes de caixa que entram e saem do negócio.

Preço de custo: O preço que você paga para produzir os bens e serviços que está vendendo.

Ativos fixos: Uma propriedade tangível de longo prazo que a empresa possui (por exemplo, despesas de capital).

Custos fixos (também chamados de despesas gerais fixas): Custos, tais como rendas, taxas e faturas de serviços públicos, que não se alterarão com uma flutuação nas vendas.

Lucro bruto (também chamado de renda bruta ou margem bruta): Valor restante das receitas de vendas, menos IVA, se aplicável, após dedução do custo das vendas (qualquer coisa que você tenha que comprar para produzir os bens e serviços que está vendendo).

Margem líquida: A margem, após o IVA e o custo das vendas terem sido deduzidos das vendas brutas.

Lucro líquido (antes do imposto sobre o rendimento): O montante que resta após os custos indiretos fixos e variáveis terem sido deduzidos do lucro bruto.

Conta de lucros e perdas: A conta de lucros e perdas resume a receita/renda e os custos/despesas/encargos gerais durante um período específico.

SPTE: Preço de venda excluindo imposto ou *Selling price tax exclusive.*

SPTI: Preço de venda incluindo imposto ou *Selling price tax inclusive.*

Rotatividade de estoque (também conhecida como rotatividade do inventário): O número de vezes que o usuário vendeu/substituiu o estoque em um período, como um ano. Para obter a relação de rotatividade de estoque, divida o custo das vendas pelo estoque médio.

Custos variáveis (também conhecido como custos indiretos variáveis): Custos que variam com as vendas, tais como matérias-primas, salários/ordenados.

IVA: Imposto sobre o valor acrescido.

APÊNDICE

Notas explicativas para o exemplo de diferentes cálculos de margem de lucro bruto.

PARTE 1

Preço de venda a varejo incluindo IVA (A) menos IVA em 16,67% = Preço de venda a varejo excluindo IVA (B)

Preço de venda a varejo excluindo IVA (B) menos Preço de custo (C) = Margem bruta de lucro (D)

Preço de venda a varejo excluindo IVA (B) ÷ 100 x a Margem de lucro bruta % (E) = Margem de lucro bruta (D)

PARTE 2

Para calcular o preço de venda ao público sem IVA:

IVA (A) ÷ 100 x Margem de lucro bruta % (B) = Margem de lucro bruta (C)

Para chegar a 20% para o IVA (Reino Unido) em que um produto tiver sido vendido com o IVA incluso, utilize um dos dois métodos de cálculo seguintes. Por exemplo, um casaco de £50 incluindo IVA:

£50 ÷ 100 x 16,67 = £8,33 (20% IVA)

OU:

£50 ÷ 1,2 = £41,67 - £50 = £8,33 (20% IVA)

Para provar que £8.33 é o valor correto do IVA para aquele produto em particular, verifique de outra forma. Sabemos que o preço de venda do casaco sem IVA é de £41,67: £41,67 ÷ 100 x 20 = £8,33 ou £50,00 ÷ 1.2 = £41,67 menos £50,00 = £8,33

REFERÊNCIAS E RECURSOS ÚTEIS

INTRODUÇÃO

Referências

LOW, V. "Quiet, please! Amazon meetings begins in silence", *The Times*, 1 maio 2018. Disponível em: https://www.thetimes.co.uk/article/quiet-please-amazon-meetings-begin-in-silence-wd0zmhzc0

STATISTA. "Retail e-commerce sales in the United States from 2017 to 2023 (in million U.S. dollars)", 2019. Disponível em: https://www. statista.com/statistics/272391/us-retail-e-commerce-sales-forecast/

Sites

https://www.ons.gov.uk/

CAPÍTULO 1

Referências e leituras adicionais

CENTRE FOR ENTREPRENEURS. "2016 breaks business formation records", 16 jan. 2017. Disponível em: https://centreforentrepreneurs.org/cfe-releases/2016-breaks-breaks-business-formation-regisds/

CREEVY, J. "Tesco non-food sales grow to £6.5bn", *Drapers*, 5 out. 2010. Disponível em: https://www.drapersonline.com/retail/multiples/tesco-non-food-sales-grow-to 65bn/5017877.article

FORBES. "America's 25 best cities for shopping", 13 dez. 2010. Disponível em: https://www.forbes.com/2010/12/13/best-cities-for-shopping-forbes-mulher-time-retail-walmart-sales-tax_slide.html

HOPKINSON, M. "The Grimsey Review 2 (2018)", *Didobi*, 3 jul. 2013. Disponível em: https://www.didobi.com/the-grimsey-review/

KLARA, R. "Bad news, brick-and-mortar stores: the internet finally has you beat", *AdWeek*, 11 nov. 2017. Disponível em: https://www.adweek.com/brand-marketing/bad-news-brick-and-mortar-stores-the-internet-finally-has-you-beat/

NATIONAL STATISTICS. "Business population estimates 2017", 30 nov. 2017. Disponível em: https://www.gov.uk/government/statistics/business-population-estimates-2017

PRESTON, R. "UK's largest charity shop retailers revealed in survey", Civil Society, 2 out. 2017. Disponível em: https://www.civilsociety.co.uk/news/uks-largest-charity-retailers-revealed-in-league-table.html

TURNER, A. "Why there are almost no Starbucks in Australia", cnb c, 25 jul. 2018. Disponível em: https://www.cnbc.com/2018/07/20/starbucks-australia-coffee-failure.html

WWD. "Louis Vuitton hires Virgil Abloh to heat up men's", 26 mar. 2018. Disponível em: https://wwd.com/fashion-news/designer-luxury/louis-vuitton-virgil-abloh-menswear-artistic-director-exclusive-1202638255/

Sites

https://centreforentrepreneurs.org/

http://www.ft.com

https://www.hemashop.com/gb/

Recursos úteis

https://www.localdatacompany.com/

https://www.ons.gov.uk/businessindustryandtrade/retailindustry/bulletins/retailsales/previousReleases

https://www.ons.gov.uk/economy/nationalaccounts/satelliteaccounts/boletins/consumertrends/octobertodecember2017#household-spending-per-head

https://www.rics.org/uk/knowledge/market-analysis/rics-uk-commercial-market-survey/

https://www.statista.com/topics/831/per-capita-expenditure/

https://tradingeconomics.com/united-kingdom/consumer-spending

http://www.worldometers.info/world-population/population-by-country/

http://worldpopulationreview.com/countries/united-kingdom-population/

CAPÍTULO 2

DYSON.COM.AU. "Meet James Dyson – The inventor of Cyclonic Vacuum", 2018. Disponível em: https://www.dyson.com.au/community/about-james-dyson.aspx. Acesso em: 2 jun 2018.

DYSON.CO.UK. "Get expert help from Dyson Support", 2018. Disponível em: https://www.dyson.co.uk/support/journey/overview.html

GOODMAN, N. "James Dyson on using failure to drive success", *Entrepreneur*, 2012. Disponível em: https://www.entrepreneur.com/article/224855

O'HARA, G. "Defining the entrepreneur", *Kinfolk*, 2015. Disponível em: https://kinfolk.com/defining-the-entrepreneur/

STACK, L. "The ultimate competitive advantage: translate learning into action", *Theproductivitypro.com*, 2013. Disponível em: http://theproductivitypro.com/blog/2013/08/the-ultimate-competitive- advantage-translating-learning-into-action/

CAPÍTULO 3

JERVEN, T.; KING, GB. "The Community entrepreneurs: the store owners", *Kinfolk*, 2015. Disponível em: https://kinfolk.com/the-community-entrepreneurs-the-store-owners/

NG, M. "Nestlé drives purchases with 'perfect store' concept", *The Moodie Davitt Report*, 2009. Disponível em: https://www.moodiedavittreport.com/nestle-drives-purchases-with-perfect-store-concept-091109/

CAPÍTULO 4

Referências e leituras adicionais

BURLINGHAM, B.; GENDRON, G."The entrepreneur of the decade", *Inc.*, 1989. Disponível em: https://www.inc.com/magazine/19890401/5602.html

CALDER, S. "Ryanair is the world's safest airline after Southwest's mid-air tragedy", *Independent*, 2018. Disponível em: https://www.independent.co. uk/travel/news-and-advice/southwest-airlines-engine-explosion-passengerdeath-emergency-landing-ryanair-worlds-safest-a8309831.html

Sites

https://www.benjerry.co.uk/values

http://www.ritzcarlton.com/en/about/gold-standards

https://www.tesla.com/en_GB/about

https://www.ryanair.com/ie/en/useful-info/about-ryanair/fleet

Recurso útil

https://corporate.ryanair.com/about-us/fact-and-figures/

CAPÍTULO 5

Referências e leituras adicionais

BUSINESS MATTERS. "Three in four disabled consumers say they have left a shop due to bad customer service", 2017. Disponível em: https://www.bmmagazine.co.uk/news/three-four-disabled-consumers-say-left-shop-due-bade-bad-customer-service

RAMSAY, D. "Steve jobs on recruiting", *Adventure Associates*, 2015. Disponível em: https://www.adventureassoc.com/steve-jobs-recruiting

RTE.IE. "Butlers Chocolates latest brand to win Emirates deal", 2018. Disponível em: https://www.rte.ie/news/business/2018/1023/1006141-butlers-chocolate-emirates-deal

VAN VLIET, V. "Peter Drucker", *ToolsHero*, 2010. Disponível em: https://www.toolshero.com/toolsheroes/peter-drucker

Sites

https://www.theforgottentoyshop.co.uk

CAPÍTULO 6

Sites

https://www.pizzaexpress.com

CAPÍTULO 8

Leitura adicional

EVANS, P. "Tech plugs into high street", *The Times*, 2018. Disponível em: https://www.thetimes.co.uk/article/tech-plugs-into-high-street-b9j7dwjxf

Sites

https://localglobe.vc/

https://www.radley.co.uk/

https://www.fashercise.com/

https://sophiehulme.com

https://www.lineapelle-fair.it/en/lineapelle

https://sodasays.co.uk/

Recursos úteis

https://analytics.google.com/analytics/web/provision/?authuser=0#/ provision

https://plus.google.com/u/2/b/100805939335942634464/+A2zesolutionsforyou/

https://www.google.com/maps

https://www.google.com/business/ https://maps.google.com/localguides/signup

https://www.gov.uk/data-protection-your-business

https://reaper.com/

We Are Social Media – http://wersm.com

3 Social Media Books Everyone Should Read This October – http://bit. ly/2dd79Ys

Hootsuite Twitter feed – www.twitter.com/hootsuite Grow your blog the right way – https://missinglettr.com/

Instagram Post Ideias: 6 Types of Content That Work – http://bit.ly/2eadFBd

Daily Hashtags Explained: What They Mean and How to Use Them – http://bit. ly/2e2aoTY

https://www.youtube.com/yt/about/press/

20+ Social Media Hacks and Tips from the Pros – http://bit.ly/2dljtJh

All of the Social Media Metrics That Matter – http://bit.ly/2dKjaZk How to Find the Best Twitter Hashtags – http://bit.ly/2dN8FqD

Social Media Tips – http://huff.to/2dSPF6E https://www.slideshare.net/

http://bit.ly/2e6rgO7

CAPÍTULO 9

Sites

https://www.biba.org.uk/

https://trends.google.com/trends/

https://www.paulsmith.com/uk

CAPÍTULO 10

Leitura adicional

BALLANCE, L.; COOK, J.; MCCAUGHAN, M. *Our noise: the story of merge records, the indie label that got big and stayed small*. Algonquin Books: Chapel Hill, NC, 2009.

Sites

https://emmajshipley.com/

Recurso útil

https://www.youtube.com/watch?v=ixCPM5HznRU

CAPÍTULO 11

Referência

OXFORD COLLEGE OF MARKETING. "Why's important to understand the customer's buying behavior", 27 nov. 2014. Disponível em: https://blog.oxfordcollegeofmarketing.com/2014/11/27/why-its-important-to-understand-the-customers-buying-behaviour/

Sites

www.experian.co.uk

CAPÍTULO 12

https://uk.sageone.com/

CAPÍTULO 13

Referências

D'ONFRO, J. "13 Angela Ahrendts quotes that prove why she's the perfect person to run Apple's retail business", *Business Insider*, 10 jun. 2014. Disponível em: https://www.businessinsider.com/best-angela-ahrendts-quotes-apple-svp-retail-2014-6?IR=T

CAPÍTULO 14

Referências e leituras adicionais

Austrália: http://www.abs.gov.au/ausstats/abs@.nsf/mf/8501.0

Canadá: https://www150.statcan.gc.ca/n1/daily-quotidien/180720/dq180720b-eng.htm

França: https://www.focus-economics.com/country-indicator/france/retail-sales

Alemanha: https://tradingeconomics.com/germany/retail-sales

Estados Unidos: https://www.thebalance.com/u-s-retail-sales-statistics-and-trends-3305717

Recursos úteis

https://www.ons.gov.uk/

https://www.thepaypers.com/cross-border-ecommerce/

https://www.thebroguetrader.com

https://10times.com/

CAPÍTULO 16

Referências e leituras adicionais

VICKERY, K.; WILLIAMS, A. "No more '28 day' rule: pricing and promotions under the spotlight", *Osborne Clarke*, 2017. Disponível em: http://marketinglaw.osborneclarke.com/advertising-regulation/no-more- 28-day-rule-pricing-and-promotions-under the spotlight/

WALTON, S. *Made in America: My story*. Bantam USA, Nova York, 1993.

Sites

https://www.thelongeststay.com

Recurso útil

https://www.hants.gov.uk/business/tradingstandards/consumeradvice/goodsandservices/pricinglaw

CAPÍTULO 17

Sites

https://www.girlswritenow.org/who-we-are/leadership/staff/

http://www.vagabondwines.co.uk/

https://imbiba.com/

Recursos úteis

https://www.statista.com/statistics/792736/customer-loyalty-drivers-great- britain/

https://blog.accessdevelopment.com/customer-loyalty-statistics-2017-edition

CAPÍTULO 18

Referências e leituras adicionais

BIANCHI, J. "6 Visual merchandising tricks to increase your sales per square foot", *Shopify Blog*, 6 set. 2016. Disponível em: https://www.shopify.com/retail/6-visual-merchandising-tricks-to-boost-your-sales-per-square-foot

EARL, A-M. "10 visual merchandising ideas you should steal", *Gifts & Decorative Accessories*, 8 ago. 2017. Disponível em: http://www.giftsanddec.com/article/545402-10-visual-merchandising-ideas-you-should-steal/

MCLUHAN, M. *Understanding Media: the extensions of man*. McGraw-Hill, 1964.

RADUCAN, V. "Why These 25+ Website Homepage Designs Work So Well", *Extend Themes*, 3 dez. 2018. Disponível em: https://extendthemes.com/homepage-design/

Sites

www.blue-shifnal.co.uk/

www.cotswoldtrading.com

Recurso útil

https://www.pinterest.co.uk/melindabp/window-display-ideas/

CAPÍTULO 19

Leitura adicional

CIOTTI, G. "The 8 best ways to collect customer feedback", *Help Scout*, 14 fev. 2018. Disponível em: https://www.helpscout.net/blog/customer-feedback/

Sites

https://magento.com/products/magento-commerce

https://www.optimonk.com/

Capítulo 20

Sites

https://magento.com/

http://shopify.co.uk/tour/website-design

https://www.iwoca.co.uk/

http://www.thebabycotshop.com/

http://www.brandlabfashion.co.uk/

Capítulo 21

Leitura adicional

DAVIDSON, R. "Commercial leases: a guide to the Landlord and Tenant Act 1954", *Burnetts Blog*, 1 jun. 2017. Disponível em: https://www.burnetts.co.uk/publications/blogs/commercial-leases-a-guide-to-the-landlord-and-tent-act-1954

Capítulo 22

Referências

BOROUGH MARKET. "Borough Market welcomes new chair of trustees", 28 set. 2018. Disponível em: http://boroughmarket.org.uk/articles/borough-market-welcomes-new-chair-of-trustees

TRAUB, M. *Like no other career*. Assouline Publishing: Nova York, 2008.

Sites

https://www.thebicestervillageshoppingcollection.com/en/value-retail/

http://boroughmarket.org.uk/

https://www.britishmuseumshoponline.org/

https://designmuseumshop.com/

https://www.farfetch.com

https://www.goyard.com/en

https://www.museumoficecream.com/

http://www.selfridges.com

https://shop.tate.org.uk/

https://www.vam.ac.uk/shop/

Recursos úteis

Get Started Selling on Amazon – https://services.amazon.co.uk/?ld=SEUK-SOAADGog-Branded-WMT_amazon-market-places_p_20590444435180_c

https://www.pinterest.co.uk/foyjw/visual-merchandising/ https://www.pinterest.co.uk/martinorme/cool-shops-london/

CONCLUSÃO

https://www.everythingbranded.co.uk/

Recursos úteis

https://www.globaldata.com/

Landlord and Tenant Act 1954. Disponível em: http://www.legislation.gov.uk/ukpga/Eliz2/2-3/56/contents

Landlord and Tenant Act 1985. Disponível em: https://www.legislation.gov.uk/ukpga/1985/70